KB159341

실패가 끝은 아니다

실패가 끝은 아니다

장장원 지음

꿈의지도

Contents

Chapter 2. 도전의 정석

Contents

Chapter 3. 장사의 정석

Chapter 4. 중국 사업의 정석

에필로그

Prologue

아직 게임은 끝나지 않았다, 패자부활전!

10년 전, 대한민국 청주에서 나는 폭삭 망하고 실의에 빠져 술만 마셔대던 채소장수였다. 그러나 지금은 중국 상하이의 고급 백화점과 고급 마트 1천여 군데에 20여 종의 먹거리를 납품, 판매하는 식품기업 '썬프레(Sunfre, 상하이 청상식품 유한공사)'를 운영하는 CEO다. '썬프레'는 '태양'을 뜻하는 '썬sun'과 '신선하다'는 뜻의 '프레쉬fresh'를 합해 '태양이 키운 건강한 자연을 닮은 신선함'이라는 뜻의 브랜드. 그러나 이 브랜드는 한국에서 그야말로 '쫄딱' 망했다. 하지만 나는 한국에서 망했던 나의 첫 회사 이름인 '썬프레'를 아직도 그대로 중국에서 쓰고 있다. 청주에서 중국 상하이로 본거지만 옮겼을 뿐, 나는 여전히 '썬프레'란 이름으로 뜨거운 패자부활전을 치르고 있다.

물론 아직 갈 길이 멀다. 하지만 실패를 밑거름 삼아 시도했던 여러 사업과 전략들이 조금씩 가지를 뻗고, 키가 자라고, 결실을 맺어가고 있다. 낯선 땅에서 앞만 보고 달렸던 지난 십 년. 전쟁터에서 총 한 자루 없이 홀로 맨몸으로 패자부활전을 치러냈던 그 시간들이 하루하루 고스란히 떠오른다. 그러나 아직 감상에 젖어있을 때는 아니다. 그때의 나처럼 뼈아픈 패배를 맛보고 쓰러져 있는 사람들이 이 땅에는 너무나 많기 때문이다.

장사나 사업에 한 번 실패했다고 해서 두 번째 기회도 얻지 못한 채 자살을 선택하는 40대 남성의 비율이 10%나 증가했다는 암울한 기사를 읽었다. 그 우울한 기사 위로 예전 내 모습이 떠올랐다. 그들이 어떤 심정으로 생을 포기하는지, 절망의 깊이가 어느 정도인지 누구보다 내가 잘 안다. 그래서 몇 년 전부터 나는 실패와 재도전의 이야기가 궁금하다는 사람들이 있는 곳이라면 어디든 달려갔다. 가서, 틈틈이 나의 경험을 나누고, 함께 용기를 북돋웠다. 다시 시작할 수 있다고, 기회는 아직 끝나지 않았다고 강연마다 목소리를 높였다.

그러나 늘 시간이 문제다. 몸이 열 개라도 부족할 때가 많다. 상하이의 사업도 챙겨야 하고, 일주일에 3~4일은 중국 전역을 무대로 출장도 다녀야 한다. 그러다보니 한국에서 더 많은 분들을 만나는 데 늘 부족함을 느꼈다. 그래서 이 책을 기획하게 된 것이다. 더 많은 사람들과 함께 재기를 꿈꾸고 희망을 이야기 하고 싶다는 바람으로!

이 책은 중국 전문 경제학자가 지표로 분석한 사례 모음도, 재벌기업의 수혜를 받는 상사 주재원의 글도 아니다. 더욱이 관료가 경험한 중국 기업과 브랜드에 대한 정보 모음도 아니다. 단돈 1천만 원 들고 온 가족과 함께 상하이에 가서, 십 년 넘는 시간동안 발버둥 치며 도전에 도전을 거듭했던 날 것 그대로의 생생한 이야기다. 10년 전의 나처럼 이미 중년의 나이에 실패라는 큰 좌절을 겪고 있거나 불확실한 미래를 두고 두려움에 떨고 있는 많은 중소상공인 분들께 이 책이 작은 희망의 빛이 될 수 있기를 소망한다. 또 새로운 시장을 찾아 중국으로 장사 나갈 준비를 하고 계시는 분들께도 보다 현실적이며 객관적으로 내부 점검을 할 수 있는 기회가 되면 좋겠다.

꿈을 포기하려는 청년들, N포 세대라는 청년들의 가슴 속에도 나의 이야기가 작은 불씨가 되기를 바란다. 중년의 나이에 실패의 늪에서 패자처럼 살았던 내가 어떻게 패자부활전에서 살아날 수 있었는지 들려주고 싶다. 그래서 대한민국의 청년들이 다시 세계를 무대로 꿈과 희망을 펼칠 수 있는 패기를 되찾았으면 좋겠다. 불평등한 기회에 좌절하면서 이대로 주저앉을 수만은 없으니까. '흙수저'라고 자조하면서 언제까지 '헬조선(지옥 같은 한국)'에 태어난 것을 원망만 하고 있을 수는 없으니까. 잘난 척하는 꼰대의 이야기가 아니라, 낯선 나라에서 맨손으로 부딪혀온 어느 흙수저 아버지의 이야기가, 우리 땅의 젊은이들에게 작은 희망의 불씨라도 지필 수 있다면 그것만으로도 한없이 기쁘겠다.

특히 이 책은 개인사업자로 중국에서 제 2의 인생을 시작해 보고자 하는 잠재적 장사꾼들을 위한 책이다. 그들에게 꼭 필요한 중국, 중국인, 중국 문화의 이야기와 함께 세계를 무대로 하는 장사꾼이 지녀야 하는 배포와 용기에 관한 이야기도 담았다. 중국고전에서 익힌 철학과 원칙을 나는 중국에서 사업하며 직접 써먹어보았다. 나를 전혀 모르는 사람들을 상대로 내가 어떻게 비즈니스 협상을 성공시킬 수 있었는지, 그 생생한 전술을 모아 담았다. 나와 같은 패배를 겪었거나, 겪고 있는 수많은 사람들이 다시 멋지게 부활하기를 바라는 염원을 모아서.

북극성이 깜깜한 밤하늘의 나침반이 되어주듯이, 그 어느 때보다 어려운 이 시기에 나와 우리 썬프레가 넘어지고 깨지며 깨달은 것들이 누군가 앞날을 준비할 때 좋은 나침반이 될 수 있기를 진심으로 바란다.

2016년 여름 장장원

Chapter 1.

패자부활의 정석

한국에서 폭삭 망한 첫 사업 이야기

뼈아픈 실패의 시간

중문과를 나온 나는 대학을 졸업한 후 대표적인 섬유기업인 '대농'에 취직했다. 그곳의 청주공장과 일본사업부에서 처음 일을 배웠고, 열심히 일했다. 남들처럼 직장생활을 하면서 한 달 한 달 월급을 받는 안정적인 생활을 했다. 그러나 회사일이라는 건 생각보다 앞이 빤한 법. 회사에서 쌓은 경험과 네트워크를 이용해 내 사업을 해보고 싶었다. 그래서 1998년, 회사를 그만두고 청주에서 '㈜청주종합무역'이란 이름으로 창업을 시작했다. 그리고 곧 '썬프레'라는 이름으로 본격적인 사업을 이어나갔다. 미니 토마토와 파프리카 등을 재배해서 일본과 대만을 비롯한 동남아에 팔고, 각종 과일도 수출하는 사업이었다. 일은 깜짝 놀랄 만큼 무척 잘됐다. 정말 엄청난 양을 팔아 치웠다. 나는 회사에서 일할 때와는 비교할 수 없을 정도로 신바람이 나서 일했다. 고향에서 일을 하다 보니 인맥도 좋아, 청주의 소식을 전하는 전국 방송에도 여러 번 소개가 됐다. 대만이나 홍콩에서 관광객을 유치해 한국의 전통 음식인 김치를 직접 만들어볼 수 있는 김치체험장도 국내 최초로 운영했다. 여기저기서 국내외 취재진이 일부러 찾아올 정도로 지역에서는 꽤 크게 이슈가 됐다.

그러다보니 점점 욕심이 생겼다. 무리한 사업 확장으로 부채 비율이 조금씩 높아졌다. 수도권의 동종 업체들이 우리 사업을 벤치마킹하는 일도 생겨나면서 사업은 점점 어려워졌다. 버티기 힘들 정도로 기울기 시작한 건 아주 순식간이었다.

그러다 결국 2004년, 신용보증기금 지점장으로 있던 선배에게 조언을 듣고 공장 매각을 결정하게 되었다. 당시 충남 당진에서 우리와 동종업계의 식품공장을 운영하던 사장을 소개받아 급하게 공장매매계약서를 썼다. 그리고 계약금으로 1천만 원을 받았다. 공장을 23억 원에 매각하기로 했는데, 금액에 비해 터무니없이 적은 계약금을 받았다. 그런데 더 큰 문제는 돈이 없던 그 회사가 나와 쓴 매매계약서를 이용해서 대출을 받아보려고 신용보증기금 서산 지점을 찾아간 것이다. 그곳에서는 은행자료를 찾아보다가 계약서 상의 공장이 청주 '썬프레'라는 회사의 공장이라는 걸 확인하고, 공장이 있는 신용보증기금 청주지점에 연락을 한다. 진짜 공장이 매각되는 게 맞는지 확인해 달라는 통보를 한 것이다. 그러나 신용보증기금 청주지점에서는 공장 매각 사실을 통보받은 게 없으니 부랴부랴 물건 압류를 해버렸다. 나중에 알게 된 사실이지만 '신용보증기금관리법'에 의하면 주 공장을 매각하려면 기업에서 대출기관에 사전에 서면 통지를 해야 하는 '통지 의무'가 있었다. 나는 지점장 선배만 믿고 있었을 뿐 구체적인 법규는 전혀 몰랐다. 공장이 곧바로 신용보증기금 청주지점으로부터 가압류를 당하게 되자, 이후 주거래은행부터 제 2거래, 제 3거래 은행까지 일제히 가압류가 들어왔다. 대출금을 먼저 다 갚고 나서 매각을 하라는 조건부가 붙었다. 당장 어디에서 대출금 전액을 한꺼번에 만들어낸단 말인가.

"매각 금액이 대출금보다 훨씬 높아요. 매각 금액 안에 대출금이 다 들어가 있는 상황이니, 매각이 되면 바로 대출금을 갚겠습니다."

그러나 아무리 이야기를 해도 신용보증기금에서는 가압류를 풀어주지 않았다. 결국 공장매매 계약을 한 쪽에서도 등을 돌렸다. 계약금도 많이 걸지 않았으니, 그냥 매매계약을 파기하겠다는 것이었다. 사면초가의 상황이었다. 금융기관은 절대로 어려운 상황에서 내 편이 되어주지 않는구나. 말 그대로 '햇볕이 쨍쨍 날 때는 우산을 가져가라고 사정하더니 비가 올 때는 서둘러 우산을 빼앗아가는 곳'이 기관이었다. 나는 깊은 비애를 맛보았다.

가압류가 들어오기 시작하면서 회사는 서서히 무너져갔다. 공장 이외에도 회사 사옥과 물류센터 등 고정자산이 많았던 것을 이용해 당시 기업회생 절차의 하나였던 '화의개시'를 청주 지방법원에 신청했다. 회생 가능성이 있다고 판단한 청주 지방법원으로부터 화의개시 통보를 받던 날, 나는 잠시 회생할 수 있다는 희망을 가지기도 했다. 그러나 당사의 채권 중 50%를 넘게 갖고 있던 신용보증기금이 아무런 실익도 없이 채권자 집회에서 회생법안에 반대하면서 한국에서의 내 첫 사업은 완전히 끝이 나버리고 말았다.

"공장을 매각한 대금으로 대출금을 갚도록 해줬으면 가능성 있는 한 회사가 폭삭 망하는 일은 없었을 텐데…."

한때는 도와주지 않았던 지점장 선배를 심하게 원망한 적도 있었다.

"계약금 걸 돈도 1천만 원밖에 없으면서 그 큰 공장을 사려고 했다니!"

매매계약 상대에게도 원망하는 마음이 솟구쳤다. 너무 억울하다는 생각뿐이었다. 억울함과 분노로 꽉 찬 마음은 나의 정신을 괴롭히고, 내 몸을 망쳤다. 그러나 아무리 원망하고 분노해 봐야 점점 더 깊은 수렁으로 빠지는 것은 바로 나였다.

벼랑 끝에서 다시 일어나다

하지만 시간이 지나면서 결국 나는 내 능력이 부족했었다는 걸 조금씩 인정하게 되었다. 원망했던 사람들도 나름 이해가 되었다.

'얼마나 돈이 없었으면 계약금을 1천만 원밖에 못 걸었을까. 그 선배도 자신이 속한 조직에서 얼마나 난처했을까. 남의 형편보다 자신의 출세가 더 중요한 건 누구나 마찬가지겠지. 누가 누구를 도울 처지가 못 되는 상황이었던 거다. 다 내가 덕을 못 쌓은 결과고, 다 내가 잘못한 결과지. 다 내 탓이다.'

나는 모든 것을 내려놓고 뼈아픈 시간을 보내야 했다.

그토록 열심히 뛰며 키워온 회사가 죽어가는 것을 내 눈앞에서 목격하는 심정은 어떻게 말로 표현을 할 수가 없었다. 밥도 못 먹고, 잠도 못 자고 술만 마셨다. 검은 그림자 같은 우울증 때문에 12층 아파트에서 뛰어내리고 싶은 충동에 여러 번 시달렸다. 결국 나는 서울까지 올라가 일 년 반 동안 정신과 치료를 받았다.

특히 힘든 건 가족들이었다. 원래 사업을 하는 사람들은 하루에도 몇 번씩 롤러코스터를 타긴 한다. 그런데 문제는 가족들도 그 부침을 함께 한다는 데 있다. 정작 롤러코스터 맨 앞에 앉은 사업 당사자보다 어쩌면 뒤에 앉은 가족들이 더 어지러울 수밖에 없다. 더구나 한때 사업이 잘나가 풍족함을 경험했다면 가족들이 느끼는 고충은 더 클 것이다. 갑자기 롤러코스터가 떨어질 때 느끼는 충격은 훨씬 더 심할 테니까. 나로 인해 가족들이 절망에 빠지는 모습을 본다는 건, 가장으로서 더 견디기 힘든 일이었다. 현실을 인정할 수 없어서 힘들고, 힘드니까 또 현실에서 도피하기 위해 술을 마시고, 술을 마시면 다시 화를 참을 수 없게 되는 상황이 반복됐다. 그렇게 하루하루 지내다 보면 어느 순간 무능력한 폐인이 되고 만다.

"아니, 남자가 매일 술이나 마시고 도대체 뭐 하는 거야? 공사장에라도 나가서 일을 해야지. 어떻게든 살아야 할 거 아니야?"

사업에 실패한 남편을 지켜봐야 하는 대부분의 아내들은 무너지는 남편을 보는 게 속상할 것이다. 그러다 조금씩 기간이 길어지면 불쌍함과 연민이 무능함에 대한 원망으로 바뀌게 된다. 그래서 사업에 실패하면 가정도 함께 깨지는 일이 많아지는 것 같다. 그 많던 주변의 사람들도 하나씩 다 떠나갔다.

'사업에 실패하면 돈도 잃고, 가족도 잃고, 사람도 잃고 다 잃게 되는구나.'

벼랑 끝에서 나는 세상을 다시 배웠다. 그리고 정말 소중한 게 무엇인지 깨달았다.

"그래, 다시 일어나자. 다시 일어나야지."

사업을 한다는 건 어쩌면 작두날 위에서 춤을 추는 것

그러나 이 땅에서는 한 번 실패한 사람에게 두 번의 기회를 쉽게 주지 않았다. 한 번만 숨통이 트이면 지난 경험과 노하우를 발판 삼아 다시 한 번 일어나 볼 수 있을 텐데, 누구도 그 기회를 쉽게 내주지 않았다. 아무 것도 남아 있지 않은 상태에서, 아무도 손 내밀어주지 않는 한국 땅에서 기사회생은 어쩌면 불가능한 게 아닐까 여겨졌다.

'실패는 성공의 어머니'라고 에디슨이 말했나? 그러나 어쩌면 그건 에디슨이 미국인이었기 때문에 가능한 말이 아니었을까? 미국에서는 사업을 하다가 망하더라도 대표 개인과 법인의 채무를 구분하기 때문에 오너의 집까지 다 팔아서 기업의 채무를 변제하도록 하지는 않는다. 사업이 부실하면 회사는 망하지만 개인의 인생까지 망가지지는 않도록, 또 실패의 경험을 바탕으로 다시 한 번 패자부활전을 치를 수 있도록 최소한의 자금과 정신적 여력은 남겨주는 것이다. 그러나 우리의 현실은 너무 가혹하다. 사업체를 운영하다가 자금이 제대로 돌지 않으면 회사의 연대보증 책임을 물어 대표의 집과 그 집안의 모든 기물을 경매에 붙인다. '신용불량자'라는 주홍글씨를 평생 가슴에 달고 살아야 하고, 당장 처자식과 함께

거리로 쫓겨나기도 한다. 옴짝달싹할 수 없는 상황에 놓이면 아무리 튼튼한 가정이라도 흔들리게 마련이다. 그런 심리적 압박 상황을 견디면서 다시 재기를 꿈꾼다는 것은 쉽지 않다.

그러니 사업을 한다는 건 어쩌면 작두날 위에서 춤추는 것과 같다. 그 자체가 살벌한 전쟁터고 조금만 방심하면 그대로 무너진다. 작든 크든 자신의 사업체를 한 번 경영해 본다는 것, 그것은 전쟁을 한 번 치러보는 것만큼이나 돈과 에너지, 모든 지식과 지혜를 다 쏟아붓는 것이다. 그런데 정상적으로 가다가 발 한 번 삐끗했다고 발목을 잘라 버리는 것은 너무도 안타까운 일이 아닐까? 미국 실리콘밸리에는 '실패 컨퍼런스Failcon'라는 게 있어서 기업을 운영하다가 실패했던 사람들이 그 경험을 서로 공유하며 재출발에 대해 논의하는 모임이 정기적으로 열린다고 한다. 사업 실패를 해본 사람의 경험은 사회의 큰 자산이다. 이들에게 패자부활의 기회를 줄 수 있어야 그들의 경험과 노하우가 그대로 사장되는 것을 막을 수 있다.

잊을 수 없는 그날, 2005년 겨울

지난 2015년은 내가 한국에서 사업이 망한 지 딱 10주년이 되는 해였다. 이제와 돌이켜 생각해 보니, 그 당시에 나는 아주 잘 망했다는 생각이 든다. 물론 한 순간에 모든 것을 잃은 허탈감에 이루 말할 수 없는 막심한 고통을 겪었고, 타인에 대한 분노를 다스리기 위해 뼈를 깎는 아픔을 견뎌야 했지만, 그럼에도 그 실패의 과정은 나에게 또 다른 기회를 주었다. 잘 깨닫기만 한다면, 세상에 의미 없는 경험은 없는 법. 그때 망한 이유를 곱씹어, 지난 십 년 간 나는 상하이에서 새롭게 사업을 시작할 수 있었다. 무조건 한국에서 했던 방식과 정반대로 사업을 했다. 그랬기에 지난 실패를 웃으며 말할 수 있는 이 자리까지 오게 된 것이 아닐까 생각해 본다.

그렇다면 한국에서 썬프레가 망한 이유는 뭘까? 곰곰이 돌이켜 보니 가장 큰 이유는 바로 '청주'라는 지방에서 사업을 했기 때문이 아닐까 싶다. 더 정확하게 말하면 청주가 대한민국의 수도가 아닌 지방의 도시였기 때문이 아니었을까? 나의 연고지인 청주에서 사업을 시작한 것은 편하고 쉬운 선택이긴 했지만 도전적인 선택은 아니었다는 생각이 든다.

"그래. 장사를 하려면 큰 시장으로 가자!"

나는 대학에서 중문과를 나온 이력을 살려 보다 큰 시장으로 나가보기로 했다. 내가 남들보다 조금이라도 더 잘할 수 있는 언어라는 무기를 가지고 다시 일어나 보기로 했다. 내 수중에 남은 돈은 1천만 원. 나는 딱 1천만 원만 들고 온 가족과 함께 청주를 떠나 상하이로 갔다. 몸도 마음도 추웠던 2005년, 어느 겨울의 일이었다. 그것은 선택이 아니었다. 나에게 다른 선택의 길은 없었다. 오로지 살기 위한 필사의 몸부림, 그것이었다.

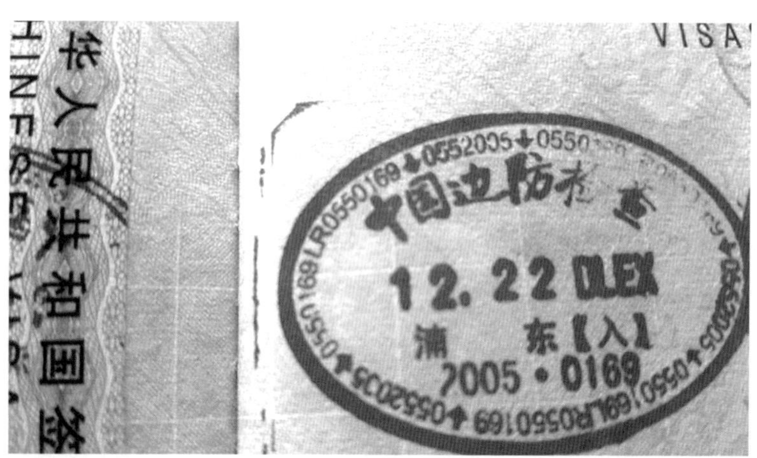

모든 것을 잃고 상하이로 떠났던 날, 2005년 12월 22일.
그날의 심정과 각오를 잊지 않기 위해 여권에 찍힌 도장 사진을 늘 가지고 다닌다.

중국어와 중국 인문학이 나에게 준 마지막 기회

나의 마지막 끈이 되어준 중국어

모두가 영어를 공부할 때, 나는 중국어에 관심을 가졌다. 대학도 당시로서는 꽤 생소한 중문과로 입학했다. 아버지를 일찍 여의고 어머님 혼자 농사를 지어서 가난한 살림을 꾸려가느라 위로 누님 세 분은 학교도 제대로 다니지 못했던 시절이었다. 그래도 나는 독자라는 이유로 공부를 할 수 있었고, 어려운 형편에 대만으로 일 년 간 유학도 다녀올 수 있었다. 그때 나는 몰랐다. 내가 중국어 공부를 했던 게 이토록 내 인생에 마지막 끈이 되어줄 줄은! 사업을 폭삭 망하고 단돈 1천만 원을 손에 쥔 채 나 자신에 대해 가만히 생각했다.

'과연 내가 무엇을 할 수 있을까?'

그때 유일하게 남은 나의 가능성은 '중국어'였다. 2005년 무렵은 이제 막 중국 시장에 대한 관심이 커지던 때였다.

'그래. 비싼 대학등록금 내가며 배운 중국어. 어머님의 고생으로 비싼 유학까지 다녀왔으니 죽더라도 중국어는 한 번 써먹어 보고 죽어야겠다!'

단단한 오기가 솟아났다. 이러다가 가족이고 뭐고 다 끝장이 나겠다는 불안감이 엄습해 오던 상태였다. '이것이 아니면 정말 끝이다'라는 절박함과 '궁하면 통한다'는 절실한 희망을 밑거름 삼아 팔순 노모까지 온 가족을 데리고 망망대해를 건넜다. 내가 상하이에 첫 발을 내딛던 순간이었다.

나는 지금도 만나는 사람마다, 틈만 나면 중국어 공부를 하라고 권한다. 이 글을 읽은 분들 누구에게라도 꼭 말하고 싶다. 너무 늦었다고 지레 포기하지 말고, 어디다 써먹겠냐고 무시하지 말고, 한자 하나 모른다고 부끄러워하지도 말고 지금 당장 중국어를 시작하라고. 한어수평고시(HSK)를 보라는 말이 아니라 당장 써먹을 수 있는 실용 중국어를 배우라는 것이다. 언어는 현실에서 부딪혀 가며 절박하고 답답해야 빠르게 배울 수 있다. 최근에는 비싼 돈 내고 굳이 학원을 가지 않아도 인터넷으로, 스마트폰으로 생생하고 재미있게 중국어를 무료로 배울 수 있는 서비스들이 너무나 많다. 시작만 하면 되는 것이다.

가장 큰 장벽은 두려움

중국어는 성조가 있어서 어렵지 않느냐고들 한다. 성조는 그다지 신경 쓸 게 안 된다. 실제로 중국어를 쓰다 보면 성조가 정확하지 않아도 의사소통을 하는 데 크게 문제가 없다는 것을 금세 알게 된다. 같은 한자문화권이라 한국어의 80%는 중국어와 아주 흡사하게 들린다. 한국어와 중국어를 전혀 모르는 사람이 한국인과 중국인의 대화를 들으면 똑같은 언어로 착각할 정도라고 한다. 그러니 두려움부터 없애야 한다. 우리가 중국어를 배우는 것은 미국인이 중국어를 배우는 것보다 훨씬 빠르고 유리하다. 또 굳이 시험을 볼 게 아니라면 의사소통으로서의 언어는 큰 장벽이 되지 않는다. 관계를 통해 얼마든지 극복할 수 있는 것이다. 우리에게 더 큰 장벽은 언어 자체가 아니라 언어에 대한 두려움이다.

하루는 퇴근을 하는데 연세가 90세가 넘으신 우리 어머니께서 아파트 벤치에 앉아 누군가와 도란도란 이야기를 나누고 계셨다. 살짝 가봤더니 놀랍게도 중국 할머니셨다. 신기한 건 두 분이 서로 다른 언어로 이야기를 하고 계셨다는 것이다. 어머니는 우리말로, 중국 할머니는 중국말로 이야기를 하시는데 서로 다 알아듣고 있었다.

"이 할머니가 딸 하나, 아들 하나 있는데 아들은 결혼을 했다네."

이것이 언어다. 특히 한국어와 중국어의 관계는 우리가 막연히 짐작하는 것보다 훨씬 가깝다. 게다가 중국과 한국은 물리적 거리 또한 가깝다. 베이징과 상하이의 거리보다 베이징과 서울의 거리가 더 가까울 정도다. 그래서 베이징과 상하이에서 쓰는 말은 서울말과 제주도 방언처럼 서로 다르다. 괜히 두려움이나 편견만 갖고 있지 않다면, 우리말과 중국어가 얼마나 비슷한지 분명히 느낄 수 있을 거다. 두려움과 선입견은 아무 것도 못하게 발목을 잡는 가장 무서운 내 안의 적이다.

우리나라와 가장 가깝고, 가장 닮은 나라 중국. 13~14억 인구를 가진 막대한 시장. 중국어를 모르고, 중국 시장을 모르고 사업을 한다는 건 어쩌면 우물 안 개구리일지도 모른다. 중국을 모른다는 그 자체만으로도 큰 손해인 셈이다. 앞으로는 중국의 영향력이 점점 더 커질 것이기 때문이다.

중국 인문학을 통해 얻은 지혜

언어 못지않게 또 하나 중요한 것이 바로 중국 인문학이다.

"아니, 사업을 하는데 인문학이 왜 도움이 되지?"

의문이 생길 것이다. 중국 인문학을 공부하면 중국인들의 사고방식을 간접적으로나마 체험할 수 있어, 중국과 중국인들을 이해하고 적응하는 데 큰 도움이 된다. 이는 중국 사람들과 협상을 하거나 제안을 주고받거나 관계를 맺어 나가는데 엄청난 경쟁력이 된다. 우리와 같은 외국인뿐만이 아니다. 중국의 젊은 세대들에게도 인문학 열풍은 뜨겁다. 현재 중국의 젊은 인재들은 중국 고전 인문학의 가치를 인정하고 사서삼경을 배우며 인문학에 푹 빠져 있다.

현대의 중국 인재들을 2,500년 전 공자가 가르친다는 말이 나올 정도다. 나 역시 중국을 알면 알수록 중국의 혼은 바로 인문학이라는 생각을 하게 된다. 그 인문학의 기초는 유교의 경전인 '사서삼경四書三經'에 있다. 사서는 〈대학〉, 〈논어〉, 〈맹자〉, 〈중용〉을 가리키고, 삼경은 〈시경〉, 〈서경〉, 〈주역〉이다. 그중에서도 논어는 공자와 제자 사이의 문답을 기록하고 후에 제자들의 말과 자료를 첨가시켜 엮은 중국 최초의 어록이다.

특히 공자 어록 가운데 내가 가장 좋아하는 말은 '일일신우일신日日新偶日新'이다. 날마다 새롭게 하라는 철학을 가진 이 말. 마음을 열고 유연해야 날마다 새로운 것을 받아들이고 변화할 수 있다. 타성에 젖고 경직되어 있으면 현실에서 바로 도태되기 마련이다. 다소 늦긴 했지만 지금 중국은 공자의 이 '일일신우일신'의 가르침을 절실히 느끼고 무서운 의지로 실천하고 있다.

또 하나 중국의 인문학이 국민들의 삶에서 큰 영향을 미친 게 있다. 나는 '일단 싸움을 하면 이기든 지든 승패에 관계없이 손해'라는 것을 중국에 와서 깨우쳤다. 가장 이득이 되는 것은 싸우지 않고도 이기는 것. 중국인들은 아주 오래 전부터 이런 지혜가 생활화된 것 같다. 중국 춘추전국시대에 손무가 저술한 〈손자병법〉의 핵심은 싸우지 않고 상대방을 스스로 굴복시키는 전쟁이 가장 잘한 전쟁이며, 그걸 습득하는 자가 이긴다는 것이다. 〈손자병법〉은 결코 전쟁을 하자는 전법서가 아니다. 실제로 피 흘려 싸우지 않고도 전쟁에서 이기는 전법을 전수하는 책이다. 그렇기 때문에 전쟁터에서뿐만 아니라 세상을 살아가는 처세의 방법으로도 지금까지 큰 영향을 준다.

싸우지 않고도 이기는 방법? 그게 과연 무엇일까? 정답은 〈손자병법〉에 나오는 '지피지기백전불태知彼知己百戰不殆'라는 한 문장이다. 곱씹으면 곱씹을수록 나는 이 말에 감동한다. '이 얼마나 탁월한 생각인가!' 무릎을 치게 된다. 이 말은 나를 알고 상대를 알면 '지지 않는다'는 뜻이 아니다. 정확히 말하면, 나를 알고 상대를 파악하면 '위험에 처하지 않게 된다, 위태롭지 않게 된다'는 뜻이다. 이 말은 꼭 전쟁뿐 아니라 전쟁과 같은 사업을 해 나가는 데에도 딱 들어맞는다. 사업을 해서 돈을 번다는 것은 참으로 어렵고 힘든 일. 실패하지 않고 일정 기간 유지만 하고 있어도 성공할 수 있는 기회가 온다.

옛말에 '돈을 쫓아가면 돈은 계속 도망간다'는 말이 있다. 돈을 쫓아가면 틀림없이 위험한 선택을 하게 되고 욕심을 부리게 된다. 옛날이나 오늘날이나 순간순간 위험한 선택을 피해가면서, 유혹이 올 때마다 자신을 잘 절제해야만 위태로움에 빠지지 않을 수 있는 것. 위태로움에 빠지지 않고 잘 기다려야만 확실하고 좋은 기회가 오게 된다는 것. 이것은 사업을 할 때도, 현실을 살아갈 때도 꼭 마음에 새겨야 하는 참 큰 지혜다.

남들 다 하는 식당부터 똑같이 거쳐 갔다

나의 첫 중국살이, 눈물 반 오기 반

'한국의 중소도시에서 시작해 사업이 망했으니, 다시 시작할 때는 중국에서 가장 잘 사는 대도시로 가야겠다.'

이것이 내가 중국 최대의 상업도시 '상하이'로 향했던 이유다. 지금은 노선 자체가 없지만 당시에는 대한항공이 청주공항에서 상하이의 푸동공항까지 직항편을 운행했다. 추운 겨울 비행기 안에서 나는 두려웠다. '낯선 땅에서 과연 먹고 살 수나 있을까?' 마음 한 켠이 싸늘해졌다. 그때마다 나는 애써 주문을 외웠다.

'상하이 일등은 중국의 일등. 머지않아 반드시 중국이 세계의 일등이 될 거다. 중국의 일등인 상하이에서 일등을 하면 세계의 일등이 될 것이다!'

청주공항에서 눈물로 배웅해준 둘째누나와 여동생을 뒤로하고 2005년 12월 22일, 드디어 내 '패자부활전'의 서막이 열렸다.

상하이의 푸동국제공항에 내리자마자 택시를 타고 공항 근처 주택가에 달려가 바로 집을 계약했다. 그리고는 당장 일할거리를 찾아 거의 한 달간 시장조사를 했다. 돌아다니면서 가만 보니까 상하이와 소주, 항주를 묶어 '상소항'이라고 부를 정도로 이곳에 한국 사람들이 여행을 많이 왔다. 한국 관광객을 유치하는 인바운드 여행사는 주로 조선족 교포들이 운영하고 있었다. 나는 푸동공항과 대한민국 임시정부 청사, 서커스 공연장 등 한국에서 온 단체 관광객이 주로 다니는 길목에 모여 있는 조선족 가이드들을 찾아다녔다. 그리고 한국 단체 관광객들을 유치해 공항 근처에서 한국 식당을 열어야겠다고 마음먹었다.

마침 당시 공항 근처 촨사川沙 라는 도시에 음식점 골목이 있었는데 나는 그곳의 4층짜리 영국식 건물을 계약했다. 400명이 동시에 앉을 수 있는 큰 건물인데다 400명 분의 음식을 한 번에 할 수 있도록 한 층 전체가 다 주방이었다. 돈이 없는데도 집이나 식당을 계약할 수 있었던 건 중국의 월세 제도를 활용해 협상을 잘했기 때문이다.

중국에서는 일반적으로 보증금 명목으로 월세를 두세 달치 만큼 더 내고 들어가거나, 보증금이 없으면 월세를 한꺼번에 일 년 치를 내야 한다. 그런데 나는 월세 한 달 치의 보증금만 내고 시작할 수 있었다. '협상의 나라' 중국이기에 가능한 일이었다. 달라는 대로 주는 게 아니라 내가 원하는 대로 흥정을 해볼 것. 중국에서 불가능한 일이란 별로 없다.

처음 해본 식당 일은 그야말로 참 고생스러웠다. 사실 나는 아내든 자식이든 가족은 되도록 사업장에 참여시키지 않아야 한다고 생각하는 사람이었다. 이것은 힘들게라도 내가 지켜가던 작은 철칙이었다. 전쟁터와 같은 사업현장에서 내 가족을 제대로 챙겨가며 일할 수 없을 것 같았기 때문이다. 또 가족이 일터에 나오게 되면 같이 일하는 직원들 간에 파벌이 생기고 직원들도 눈치를 보아야 할 사람이 늘어나게 되어 일하는 분위기가 잡히지 않을 거라 생각했기 때문이다. 그런데 더 이상 어쩔 수가 없었다. 덜컥 큰 식당을 계약하고 나니까 막상 주방장 둘 돈이 없어서 당장 집사람이 식당 일을 거들게 되었다. 겨우 집에서 네 명 되는 가족의 식사만 챙기던 주부가 식당을 계약한 날부터 갑자기 하루아침에 수백 명 분의 음식을 차려내야 하는 주방장이 되었다. 아내는 한국에서 결혼 전 잠깐 고등학교 선생님을 한 것 외에는 돈을 벌어본 적이 없는 전업주부였다. 그래도 먹고 살 길이 없으니 무작정 뛰어들었다. 아내는 주방보조 직원들과 함께 한여름이면 40도가 넘는 찜통 주방에 갇혀 하루 종일 쉴 틈 없이 음식을 만들어냈다. 식당 문을 닫고 나면 아내와 나는 밤늦도록 함께 붙잡고 울었다. 망하고 온 우리 인생이 서러워서 울고, 하루하루 먹고 사는 게 너무 힘들어서 울고, 앞날이 너무 캄캄해서 또 울었다.

하늘은 스스로 돕는 자를 돕는 걸까?

매일매일 울면서 일했지만 막상 돈을 잘 벌지는 못했다. 열심히 전단지를 돌린 덕분에 손님은 끊이지 않았다. 그러나 흔히 상하이의 장사꾼들이 하는 말처럼 인건비와 집세, 전기세를 빼면 아무것도 남는 게 없었다. 상하이는 집세와 전기세가 서울보다 비싸기 때문이다. 노동 효율은 한국에 비해 떨어지고 물가는 비싸니 자칫하면 밑지기 십상이었다. 식당 장사는 아무나 하는 게 아니라는 말을 값비싼 대가를 치르며 하루하루 뼈저리게 깨닫고 있을 때 즈음이었다. 하늘이 우리를 돕는 일이 생겼다.

2010년 때마침 상하이에서 엑스포가 개최된다는 결정이 나면서 중국 정부가 급하게 푸동국제공항에서 상하이 엑스포 단지까지 고가 고속도로를 만들게 된 것이다. 그런데 마침 우리 식당 건물이 고속도로 부지로 편입이 되었다. 중국의 토지 보상법은 세계 어느 나라에서도 따라오기 힘들 정도로 '인본주의'가 강하다. 건물주뿐만 아니라 건물의 세입자들까지도 영업을 하지 못하는 것에 대해서 충분히 보상을 해줄 정도. 그리하여 우리는 중국에서 뜻하지 않게 보상금을 받고 하루하루 벅차기만 했던 식당일을 접었다.

중국은 우리나라와는 달리 '토지공개념'을 기초로 한다. 그래서 땅은 국가의 것으로 인정되고, 땅 위의 건물이 개인의 소유가 된다. 따라서 보상정책도 우리와는 조금 다르다. 토지를 사유지로 보는 우리나라에서는 땅에 대해 보상을 해주는 개념이라면, 중국은 땅 위의 건물과 사람에 대해서 보상을 해주는 것. 국가가 존재하는 이유는 국민들이 잘 살아 갈 수 있도록 하는 것이기 때문에 국가의 사업으로 개인의 집이 사라져 생활이 궁핍해졌다면 국가는 이에 대해 충분히 보상해야 한다는 확실한 개념이 있다. 따라서 각 지방자

치단체도 그 보상법을 잘 준수한다.

즉 정부에서 도로를 놓거나 그 외 국가주도의 사업 목적으로 건물을 헐게 되면 첫째, 건물주는 일단 건물의 면적에 따라 보상금을 받게 된다. 그리고 둘째, 건물의 세입자는 임대 면적에 따라 인테리어 비용을 평가해 보상금을 받는다. 중국어로 '평가'를 '핑구评估, pínggū'라고 하는데, 보상 과정에서 이 단어를 참 많이 들었던 기억이 난다. 설비 및 인테리어 등 내부설비 상태를 평가해 감가상각비까지 감안하여 최종평가 금액이 매겨진다. 그 비용을 주인이 댔으면 보상금이 주인에게, 세입자가 냈으면 보상금이 세입자에게 지급된다. 이것이 끝이 아니다. 중국에서는 하나 더 '사람'에 대해서도 보상을 해준다. 일반적인 개인 주거용 건물에서는 집안의 구성원 수에 따라 보상금액이 추가된다. 특히 가족 구성원 중에 어린아이가 있으면 앞으로 그 아이가 낳을 자녀(당시 중국은 '1가구 1자녀' 정책, 2016년 1월부터 '1가구 2자녀 정책' 시행 중)까지 고려해 금액이 책정된다. 예를 들어 한 집에 조부모와 부모, 어린 자녀 한 명이 살고 있었다고 하자. 그러면 총 다섯 명의 보상 금액에 아이가 자라서 낳을 자녀까지 계산되어 총 여섯 명의 보상금액이 책정된다. 따라서 똑같이 백 평짜리 주택이 헐려 보상을 받아도 어느 집은 백만 위안을, 어떤 집은 오백만 위안을 받을 수도 있다. 땅의 면적만이 아니라 그 터 안에 살고 있는 사람의 수까지 고려하는 것, 그러니 '인본주의적'인 보상정책이라고 이야기를 하는 것이다. 건물과 사람에 대해 보상을 해준다니, 우리로서는 참 생소한 개념이고 한편으로는 보상을 더 받기 위해 각종 편법이 난무하지 않을까 우려가 생기기도 한다. 그러나 꼭 명심해야 할 것은, 중국은 '협상'은 있지만 '편법'은 통하지 않는다는 것! 이 보상법 역시 정직하게, 그리고 매우 융통성 있게 적용이 되고 있지만, 거짓이나 편법은 잘 통하지 않는다.

거기에 더해 세입자는 영업 손실 보상금도 받을 수 있다. 예를 들어 우리나라의 경우 지하철공사를 하기 위해 도로 한쪽을 막게 되면 유동인구가 사라져 피해를 입는 상가의 세입자들에 대해서 별 다른 보상 대책이 없는 것으로 안다. 그렇지만 중국 정부는 이 부분까지 영업 수익을 보전해 준다. 따라서 세입자는 인테리어 설비에 들어간 비용과 영업 손실액까지, 상황에 따라 두 가지 항목에서 모두 보상금을 받을 수 있다. 이것이 바로 내가 식당의 초기 투자 금액의 5배까지 보상받을 수 있었던 이유다. 그리고 그 보상금은 다시 썬프레를 재탄생시킬 수 있었던 종자돈이 되었다.

그러니 중국에서는 철거 계획이 발표되어도 '왜 가만히 잘 살고 있는 우리를 내쫓냐, 왜 보상금을 제대로 주지 않느냐'하는 시위나 투쟁은 찾아볼 수가 없다. 어차피 땅 자체가 내 것이 아니니 억울하게 생각할 필요가 없는데다가 거기 살고 있던 아이들이 미래에 낳을 자녀들까지 고려해서 보상을 해주니 불만이 있을 수가 없는 것이다. 그래서 가끔 한국의 철거민 보상 과정에 대한 좋지 않은 뉴스를 접하면 마음이 착잡해진다. 얼마 전 한국으로 출장을 갔을 때 거리를 지나가다 한 건물에 '죽을 수는 있어도 물러설 수는 없다'라고 쓴 현수막을 보았다. 전국철거민협의회의 해당 지역 이주대책협의회에서 써 붙인 내용이었는데, 얼마나 절박한 심정이면 죽음까지도 불사하겠다는 것인지 보는 사람의 마음마저 힘들었다.

다시 일어설 수 있었던 종자돈 3천만 원

중국은 보상금을 전달하는 방법에서도 사람을 배려한다. 큰 금액의 보상금을 일시에 현금으로 줄 경우 충동적으로 한 번에 다 써버릴 위험도 있기 때문이다. 따라서 한 마을이 도로 개발로 인해 통째로 사라질 경우 다른 곳에 같은 세대 수만큼의 아파트를 지어 마을 전체를 먼저 이주시킨다. 그것을 이주민 아파트라고 해서 '동첸팡'이라 부른다. 예를 들어 한 마을에 500가구가 살았다고 치면 다른 곳에 똑같이 500가구 이상을 수용할 수 있는 아파트를 지어서 이주할 수 있도록 하는 것이다. 그리고 나머지 보상 금액을 현금으로 받을지, 추가로 아파트로 받을지는 주민이 다시 결정한다. 그러면 대부분의 사람들이 아파트로 받는 것을 선택한다. 따라서 이주민들은 자연스럽게 두세 채의 아파트를 소유하게 된다. 그리고 그 아파트는 5년 내에 매매할 수 없다는 조건이 붙는다. 그 '5년 제한' 때문에 국민들이 돈을 더 벌게 된다. 왜냐하면 중국의 아파트 값이 가파르게 상승하고 있기 때문이다. 물론 중국도 부동산 거품론이 많이 나오고 있긴 하지만 10만 원을 보상받아 아파트를 소유했던 사람이 5년 후 100만 원에 되팔 수 있는 구조다 보니, 상하이에 주민등록 소재를 가지고 있는 사람들은 다 부자라는 말까지 나올 정도다. 내가 자주 우스갯소리로 '썬프레는 상하이 갑부들을 직원으로 모시고 일을 한다'고 농담을 하는 이유가 여기 있다.

난 개인적으로 중국이 세계 G2 국가로까지 빠르게 성장할 수 있었던 가장 큰 원동력은 바로 이 '토지공개념' 때문이 아닐까 싶다. 예를 들어 소주에 삼성의 공장이 들어온다고 하면 한국의 경우, 기업이 각 개개인 땅 소유주와 직접 협상을 해서 땅을 사들인다. 하지만 중국은 토지공개념 국가이기 때문에 정부에서 협상을 한다. 정부에서 삼성에 필요한 크기의 땅 중 활용 가능한 곳을 파악하여 장소를 지정해 주고, 그곳에 현재 주거하고 있는 가구에 대한 보상액을 산출하여 제안한다. 그러면 삼성이 해당 금액을 지불하고, 지방자치정부가 이를 대신 집행하는 것이다. 이러한 시스템에 의해 진행되니 토지보상에 대한 계획과 실행이 정확하고 빠르지 않을 수 없다. 토지공개념은 단순히 '땅은 나라의 것'이라는 것과는 다르다. 중국이 주창하는 진짜 토지공개념은 '땅은 국민 모두의 것'이라는 사상이다. 상하이는 중국 초고층 빌딩이자 세계에서 두 번째로 높은 128층짜리 상하이 타워를 중심으로 도로가 둥근 원을 그리며 내환內環과 외환外環, 중환中環으로 나누어져 있다. 그리고 내환, 외환, 중환을 가로지르는 동서 고가도로, 남북으로 가로지르는 남북 고가도로가 있다. 그래서 전체적으로 도로망이 방사형 거미줄망처럼 형성돼 있다. 중국의 이러한 도시계획은 세계적인 수준으로 평가받고 있다. 토지가 사유지인 나라에서는 절대 만들 수 없는 그림이다.

그리하여 세 들어 식당을 운영하던 나는 영업 손실 보상금의 명목으로 처음 식당에 들어갔던 금액의 5배가 넘는, 한화로 약 삼천만 원 정도 되는 돈을 보상금으로 받았다. 그러나 사실 당장 삼천만 원이라는 돈이 들어왔어도 언제 이 돈이 물거품처럼 사라질지 몰라 마음이 각박해지고 조급했던 것이 사실이다. 왜냐하면 어머님을 모시고 당장 먹고 살기도 해야 하고, 당시 상하이 중의약대학에서 새로 공부를 시작한 아들의 학비도 일 년에 500만 원 가까이 내야 했던 터였기 때문이다. 아마 어머니께서 계시지 않았다면 어쩌면 나는 벌써 이 세상 사람이 아닐 수도 있을 거라는 생각을 가끔 한다. 그만큼 절박한 상황이었다. 처음 해본 식당일도 너무나 힘이 들었기 때문에 또 무엇을 하나 고민할 때는 내가 해봤던 것, 잘 아는 것을 해보자는 생각이 강하게 들었다.

실패의 경험을 되살려 다시 도전할 수 있는 기회가 어디에 있을까, 나는 눈만 뜨면 발이 퉁퉁 붓도록 찾아다녔다. 식당에서 집까지, 밤이면 등불 하나 없는 캄캄한 길을 두 시간씩 걸어 다녔다. 나중에 알고 보니 그 길은 커다란 공동묘지 길이었다. 모르니까 그 늦은 밤에 혼자 캄캄한 길을 다녔지, 지금 상상해도 기분이 오싹해진다. 그런데 신기하게도 자꾸 걸어 다니다 보니 어떤 한 곳이 눈에 띄었다. 그곳이 지금의 썬프레를 있게 한 초석이 될 줄은 그때는 전혀 몰랐다.

중국을 잘 상대하려면 우리의 '실패'부터 제 값을 매겨 보자

"우리가 이룬 것만큼, 이루지 못한 것도 자랑스럽습니다."

스티브 잡스의 명언 중에서 내가 가장 좋아하는 말이다. 이룬 것은 성공이요, 이루지 못한 것은 성공의 뒤에 남겨진 수많은 실패의 기억일 것이다. 스티브 잡스와 빌 게이츠 등 IT업계에서 성공 신화를 쓴 사람들을 떠올리면 미국의 '실리콘밸리'가 생각난다. 그리고 패자부활을 경험했던 사람으로서 그들의 성공 뒤에는 쓰라린 실패와 무수히 사라져간 자들의 뼈아픈 경험, 그리고 빛나는 개척 정신이 있었음을 느낄 수 있다.

앞서도 말했지만 실리콘밸리는 2008년부터 해마다 '패일콘Failcon'으로 불리는 실패 콘퍼런스를 연다고 한다. 스타트업 기업들이 모여 실패 경험을 공유하고 같은 실패를 되풀이하지 않기 위해 서로 소통할 수 있는 기회를 제공하는 것이다.

일본도 1980년 후반 버블 경제가 붕괴된 후 경제 활성화의 돌파구를 찾지 못하자 정부가 직접 나서서 실패 사례를 수집하기 시작했다. 그리고 대표적인 실패 사례로 IT, 자동차, 철도, 원자력, 건설 항목 등에서 100여 개의 기업을 선정해 실패의 원인과 대안 등을 제시함으로써 동종 분야에 관심이 있는 스타트업 기업이나 기존 업체가 반면교사로 삼아 실패를 되풀이하지 않도록 매뉴얼화했다.

이처럼 선진국들은 실패를 단순한 실수가 아니라 혁신의 기반, 성공의 밑거름이라고 인식을 바꾸어 나가고 있다. 아니 한 발 더 나가 '실패학'을 연구하고 있는 추세다. 실패를 두려워하면 새로운 혁신이나 창조가 있을 수 없다는 것은 분명하니까.

반면 우리의 모습은 어떨까? 무엇보다 한국에서 창업을 해서 쓰라린 실패를 했던 나로서는 실패를 통하여 얻은 값지고 소중한 경험을 한국에서 성공의 지렛대로 활용하지 못하고 중국 상하이에서 패자부활전을 힘겹게 치를 수밖에 없었던 점이 참 아쉽다. 특히, 지금 당장 우리 사회가 '실패'에 대한 인식을 바꾸고 교육이나 시스템을 잘 마련해야 하는 이유는 청년들 때문이다.

현재 경제 성장이 제자리인 한국 사회에서 청년 실업 문제는 실로 폭발 직전에 와 있다고 본다. 대학을 졸업해도 취업의 문이 좁으니 정부 차원에서 고육지책으로 천문학적인 예산을 들여 청년들을 스타트업 현장으로 내몰고 있는데, 회사에서 경험을 잘 쌓아 창업을 해도 성공할 체감 확률이 5%도 되지 않는 것이 현실이다. 그런데 실패에 대한 대비 없이 대학을 졸업하자마자, 사회 경험도 없는 젊은이들을 창업 현장에 내모는 것은 자살을 권장하는 것과 다를 바 없다는 게 내 생각이다.

물론 한국 사회도 지난 10년 동안, 사업을 하는 데 장애가 되었던 여러 사회적 장치들이 많이 개선됐다. 은행 대출할 때 연대보증이 사라진 것도 긍정적인 변화 중 하나다. 이전 같으면 가족 중 한 명이라도 사업을 하다가 망하면 연대보증의 피해로 온 집안이 모두 길거리로 나앉는 경우가 속출했다. 물론 여전히 '대표이사 연대보증 제도'는 남아 있어 사업이 실패할 경우 수많은 가족들이 하루아침에 해체되거나 차상위 계층으로 전락해 상대적 박탈감에 시달리고, 가족들의 집단 자살로 이어지는 비극은 이어지고 있다.

그런데도 정부는 실패도 값진 경험이라는 생각으로 이를 이용하기보다 '밑 빠진 독에 물 붓기'식의 대처만 하는 실정이다. 사업이 망했다고 숟가락 하나도 남김없이 다 뺏어놓고는 다시 신용을 회복시켜 준답시고 신용회복위원회에서 개인 파산 연계제도와 개인 회생 프로그램을 실시하면서 국가 예산을 쏟아붓는다. 여전히 실패에 대한 재교육 없이 창업이나 재창업을 돕는다고 중소기업청을 비롯한 각 기관에서 막대한 자금을 지원하면서 보랏빛 허상만 불어넣고 있다.

'소 잃고 외양간 고친다'라는 말은 실패한 뒤에 후회해도 소용없다는 뜻만 되는 것이 아니다. 두 번 다시 소를 잃지 않기 위해 실패를 발판 삼아 더욱 철저하게 대비를 해야 한다는 뜻이기도 하다. '대표이사 연대보증제도'도 대비를 새롭게 하면 전혀 다른 결과를 낼 수 있다. 회사가 망해도 법인만 폐업 처리가 되도록 하고 회사를 운영했던 대표는 실패의 원인을 찾고 분석해 그 경험을 국가와 공유할 수 있는 분위기와 제도를 만들면 어떨까? 그리고 그것을 기반으로 재도전을 하면 장기적으로 국가와 기업, 개인의 경쟁력이 확보되지 않을까?

스타트업 기업들 또한 실패를 두려워하지 않고 창의적인 시도를 하도록 제도적으로 보장해 준다면 종전에는 시도조차 하지 않았던 일들에 도전하면서 경쟁력이 급속도로 강화될 것이다. 법과 제도를 정비하는 것은 그래서 중요하다.

Chapter 2.

도전의 정석

가장 잘하는 것으로 재도전하다

무대뽀 정신으로 다시 시작한 채소장사

상하이시의 유명한 공동묘지인 제롱능원界龙陵園의 한쪽 끝에는 푸동쑨차오 현대농업원이 있다. 건물 안에 대규모 온실을 설치해 각종 유기농 채소와 버섯, 선인장과 난을 연구하고 재배한다. 도매로 각종 채소와 식물을 시중에 판매까지 하는 시범 농장이다. 상하이 시에서 직접 운영을 하는 곳이기도 하다. 나중에 알고 보니 이곳에서 기르는 채소는 워낙 신선하고 맛이 좋아서 판매도 잘 되고 있었다. 집에서 식당까지 하염없이 걷던 어느 날, 그날따라 그곳의 간판이 눈에 띄었다. 무엇에라도 끌린 듯 무작정 들어가서 구경을 했다. 현대농업전시관과 키위농장, 농경지문화관, 사막식물관까지 갖춘 곳으로 그 규모가 정말 어마어마했다. 그리고 유리창 너머 온실 속에서 푸릇푸릇 자라고 있는 녹색 식물들을 보는 순간, 나는 이곳에서 진짜 나의 일을 시작해야 한다는 느낌을 강하게 받았다. 마음을 가라앉히고 집에 와서 좀 더 이 농장에 대해 조사를 시작했다. 그리고 더 강한 확신 속에 그 길로 곧장 사무실을 찾아가 담당자를 만나고 싶다고 졸랐다. 덕분에 우리나라로 치면 지역 농업기술원의 박사이자 이 시범 농장의 부원장인 쩌우즈장周志疆 씨를 만날 수 있었다.

"이곳에서 파는 채소의 가장 큰 장점은 '유기농'이라는 점입니다. 이 부분을 강조해서 소비자들에게 직접 팔면 좋지 않겠습니까? 제가 직접 팔아 드리겠습니다."

그야말로 돈키호테는 저리 가라 할 정도의 '무대뽀' 정신이었다. 아는 사람이 있는 것도 아니고, 몇 개월 간 차근차근 사업계획을 세운 것도 아니고, 처음 만난 사람에게 무작정 장사를 제안했으니 말이다.

퇴짜를 맞지 않고 이야기가 잘 된 걸 생각하면 운이 참 좋았다. 이 농장은 후진타오 전 주석이 직접 방문했었고, 시진핑 현 주석도 상하이 시 당서기를 할 때 시찰을 왔을 정도로 중국 정부가 신경을 쓰는 곳이다. 시스템과 재배 방식 등이 최신식으로 갖추어진 선진적인 농장으로 정평이 나 있는 곳이기도 하다. 그런 곳에 감히 낯선 한국인 사내가, 이제 삼천만 원을 들고 다른 일을 해볼까 찾아다니는 일천한 장사꾼이 '소비자' 운운하며 큰소리를 치고 있는 모양새가 아닌가. 그런데도 쩌우즈장 씨는 내 이야기에 귀를 기울여 주었다.

"우리 채소를 소비자들에게 직접 판다고요?"

지금까지 농장이 판매 방식을 '도매'로만 접근을 하고 있던 상황에서 '소비자에게 직접'이라는 단어가 확 끌렸던 모양이다. 물론 나도 단순히 허풍은 아니었다. 이전에 한국에서 농산물을 팔아보았던 이력, 그것도 좋은 유기농 농산물을 구별해 수출을 하면서 시장을 개척해 나갔던 청주 썬프레의 경험이 순간적인 기지로 발휘됐던 것이다.

"재미있는 시도일 것 같습니다. 한 번 해봅시다."

시간이 얼마 걸리지도 않았다. 내 아이디어를 듣던 쩌우즈장 씨는 나의 제안을 흔쾌히 수락하며 농장 한편에 입주할 수 있도록 사무실 공간과 냉장창고까지 내주었다. 한 달에 한화로 50만 원 정도의 전기세만 내라는, 말도 안 되는 조건이었다. 큰 소리를 치기는 했지만 막상 일이 너무도 순조롭게 흘러가자 어안이 벙벙했다. 청주에서 완전히 사라지는가 싶었던 썬프레가 청주에서 두 시간 떨어진 낯선 땅 상하이에서 다시 부활의 운명을 맞이한 것이 아닌가?

내 아이디어는 이랬다. 농업원에서 나오는 각종 유기농 채소를 한 박스씩 포장해서 일주일에 한 번씩 소비자에게 직접 배달해주는 회원제 배달 사업을 운영하는 것이었다. 거기에 아이들이 주로 먹는 우유까지 안휘성 황산黃山에 위치한 천혜의 땅, 꽝밍유업光明乳業의 유기농 목장에서 위탁 생산을 해서 일주일에 두 번씩 신선하게 집 문 앞까지 직접 배달을 하는 것이다. 주문 전화를 받고, 채소와 우유를 포장하고 배달까지 해야 하는 일이라 혼자서는 어림이 없었다. 그렇다고 또 아내를 힘들게 할 수는 없는 노릇이라 설립멤버로 함께 일할 사람을 모았다. 운영하던 식당에서 어리지만 착실하게 일을 해주었던 우피탸오吴丕挑 주관과 식당에 남편과 단골로 자주 들르던 싹싹한 전연희 실장이 합류를 해주었다.

회사 브랜드는 다시 '썬프레'로 정했다. 도와주는 사람들을 생각해서라도 이번에는 실패하지 않으리라는 생각으로 마음을 다잡았다. 그리고 상하이에 거주하는 한인들의 커뮤니티 카페와 한인신문에 광고를 냈다.

'중국 정부가 직접 생산하는 믿을 수 있는 유기농 채소를 일주일에 한 번씩 배달해 드립니다. 유기농 우유는 일주일에 두 번, 가정에서 편하게 받아보세요!'

썬프레의 첫 야채꾸러미

첫 날부터 전화기에 불이 나더니 바로 200여 가구가 신청을 했다. 첫 주문량 200건! 꺼진 줄 알았던 불씨가 힘겹지만 다시 살아나는 느낌이 들었다. 가슴이 벅차올랐다. 다시 썬프레를 한다는 생각에 이른 새벽에도 눈이 저절로 뜨였다.

신선한 채소와 우유를 집 문 앞까지

배달은 주로 상하이의 훙차오공항 뒤쪽에 위치한 부촌인 진풍루锦丰路 부근으로 갔다. 미국 학교가 있어 완벽히 미국식으로 자리 잡은 주거단지였다. 별장형 단독주택과 함께 3, 5층으로 지어진 아파트 단지 안에 미니 골프장에서부터 야외 수영장, 헬스장까지 모든 편의시설이 다 갖춰져 있고, 일반인은 아예 출입조차 안 되는 곳이었다. 사는 사람들은 헬리콥터 판매상이나 글로벌 기업, 세계적 대형 유통업체의 임원 등 주로 다국적 기업의 고위급 사람들이었고, 그중에는 그 외국인들과 결혼한 한국 주부들도 꽤 있었다. 한국인 가족은 거의 찾아볼 수 없었다. 당시 지인 중에 서울과 상하이에서 큰 치과 병원을 운영하면서 아이들을 상하이에서 키우는 한 한국인 의사가 있었는데, 상하이의 수입을 모두 생활비에 쏟아 부으면서 그곳에 살 정도였다.

지금이야 워낙 도로가 잘 닦여 있지만 그 당시에는 도로가 한창 건설 중이라 시내 중심에서 멀리 떨어져 있는 이 부촌 사람들은 장을 보기가 쉽지 않았다. 그러니 썬프레가 정기적으로 유기농 채소와 우유를 배달한다고 광고를 냈을 때 이곳의 한국인 사모님들의 반응이 꽤 선풍적이었던 거다. 배달하는 나는 이곳까지 한 번 가려면 농업원에서부터 구불구불한 도로를 봉고차로 두 시간 이상을 달려야 했다.

우리나라는 배달을 하면 아파트 현관문 앞까지 물건을 가져다준다. 그러나 당시 중국은 문화가 달랐다. 어느 집이든 공동 현관문 쪽 정해진 곳에 가져다 놓으면 사람들이 내려와서 물건을 찾아간다. 어떻게 보면 소비자 입장에서는 꽤 귀찮은 일이다. 썬프레는 현관문까지 배달을 해주는 것에 익숙한 한국인 주부들을 공략하기 위해 채소와 우유를 집 앞까지 가져다주는 것으로 차별화했다. 그런데 워낙 출입이 제한되는 부촌이다 보니 배달을 하러 한 번 들어가기도 쉽지 않았다. 집집마다 단지 정문에서 한 번, 아파트 입구에서 한 번, 엘리베이터에서 한 번 더, 마지막으로 집 현관문까지 4번에 걸쳐 일일이 인터폰으로 확인을 받아야 겨우 배달 상자 하나를 건네주고 올 수 있었다.

일주일에 두 번씩 소비자에게 직접 배달해준 썬프레의 유기농 우유

그러고 보면 한국의 '아모레퍼시픽'이 참 대단한 기업이다. 2010년에 중국 내에서 방문판매 허가를 받고 6년 만에 중국에서도 출입이 힘든 고급 거주단지에서 집 안까지 파고 들어가 직접 손님들을 대면해서 물건을 잘 팔고 있으니 말이다. 100억 정도 되는 대저택을 출입하려면 최소 4~5번은 문을 통과해야 하는데, 어떻게 그 철통을 뚫고 방문판매로 중국 땅에서 우뚝 일어설 수 있었는지, 다시 생각해도 한국 기업의 놀라운 저력이다.

촌뜨기 배달맨의 눈물

가정배달 사업을 시작한 후에도 하루도 눈물이 마를 날이 없었다. 배달을 시작하고 얼마 지나지 않았을 때였다. 수십 미터 높이의 현관문만으로도 잔뜩 위축되는 고급 아파트의 공동 현관. 분명히 고객이 인터폰으로 문을 열어줬는데 아무리 손잡이를 당겨도 문이 열리지 않았다. 또 다시 인터폰을 누르면 분명히 문을 열어주는 '삐' 소리가 들리는데 역시 문은 열리지 않았다. 그러기를 대여섯 차례. 마음이 바싹 타들어가며 초조해졌다. 지금 돌이켜보면 손잡이를 생긴 모양을 따라 양쪽으로 힘을 줘서 눌러 보기만 했으면 쉽게 열렸을 텐데 그때는 당황한 마음에 그런 저런 생각을 할 틈이 없었다.

'한 번 더 벨을 누를 수도 없고, 이를 어쩌나….'

진땀을 빼면서 손잡이와 한참 씨름을 하다가 겨우 문이 열렸다. 안도의 숨을 내쉬며 문을 연 순간 무엇인가가 세차게 날아와 내 얼굴을 강타했다. '아!' 외마디 비명도 지를 틈이 없이 얼굴을 감싸 쥐었다. 겨우 정신을 차리고 보니 썬프레 로고가 선명하게 찍혀 있는 우리 배송 박스가 바닥에 널브러져 있었다. 그러나 몸을 일으켜 세울 틈도 없이 이번에는 주먹이 날아와 얼굴의 이곳저곳을 때리기 시작했다. 얼마나 지났을까. 본능적으로 이리저리 몸을 피하다가 눈을 떴다. 키가 크고 체구가 건장한 백인 남자(나중에 알고 보니 독일인)가 울그락불그락하는 얼굴로 나를 노려보고 있었다.

"누구세요…? 말씀으로…하세요…."

쉬운 중국어도 더듬더듬 나왔다. 알아들었는지 못 알아들었는지 씩씩거리며 다가온 남자는 내 어깨를 잡아끌더니 아파트 입구로 데려갔다. 그리고는 아무 말도 없이 현관문 손잡이를 가리켰다. 본인의 새끼손가락을 들어 손잡이를 누르지 말라는 시늉을 하더니 마치 원숭이를 교육시키는 것처럼 '이 멍청아, 이것도 몰라?'하는 표정으로 다시 검지와 약지를 들어 손잡이를 양쪽으로 여는 시늉을 해보였다. 그리고는 다시 '썩 꺼져!'라는 제스처도 해보였다. 그때 내 모습이 어땠을지 눈앞에 선하다. 지금도 마른 편이지만 당시에는 살이 더 빠져서 볼품이 없었다. 거기에 위아래가 연결된 앞치마를 걸치고 등산화를 신은 모습이 영락없는 촌뜨기 배달맨. 먹고 살기 위해 하루의 반을 운전대를 잡으며 배달을 했지만 일이 있다는 것 자체를 감사하게 생각하던 때였고 내 얼굴 사진을 붙인 썬프레 유기농 우유를 보며 옷차림이고 뭐고 신경 쓸 틈 없이 신나게 팔러 다니던 때였다. 그렇지만 원숭이보다 못한 무시를 당하고 나니 그 모든 게 얼마나 서럽고 부끄럽던지…. 그래도 마지막까지 해야 할 일은 해야겠다는 생각이 들어서 배달상자를 올려주겠다고 했다. 하지만 그는 배달상자를 낚아채더니 현관문을 쾅 닫고 들어가 버렸다. 농업원까지 두 시간을 달려가면서 별의 별 생각이 다 들었다.

'내가 여기서 지금 뭘 하고 있는 건가? 나는 진짜 망한 게 맞구나. 나는 앞으로 이런 대우밖에는 받을 수 없겠구나. 나는 그냥 원숭이 같은 존재다.'

얼굴이 눈물과 콧물로 뒤범벅이 돼 운전을 하기 힘들 정도였다. 그렇게 운전하며 농장으로 돌아오는 두 시간 내내 하염없이 울었다.

일곱 번 넘어져도 여덟 번 다시 일어섰던 그날

문제는 삼 일 후면 다시 그 집에 배송을 가야 한다는 것이었다. 다시 그 남자를 마주칠 수도 있다고 생각하니 죽기보다 싫었다. 그러나 현실을 둘러보면 나는 내 이름으로 사무실 한 평 없는, 아무것도 가진 것 없는 장사꾼이었다. 사람 대하는 일을 하다보면 자존심 상하고, 마음이 다치는 일이 한두 가지가 아닌데 그때마다 포기를 한다면 장사는, 특히 배달 사업은 할 수가 없을 터였다. 납덩이처럼 무거운 마음을 간신히 다잡고 삼일 후, 다시 그 집 현관문 앞에 섰다. 벨을 누르고 조심스레 현관문을 열었다. 현관문 앞에는 일전의 그 남자와 한국인 부인이 서 있었다. 그 남자의 얼굴을 본 순간 심장이 요동치기 시작했다. 그런데 이게 웬일인가? 그 남자가 갑자기 무릎을 탁 꿇는 것이다. 그 옆에 선 부인이 말했다.

"사장님, 무슨 일이 있었는지 남편에게 들었습니다. 정말 죄송합니다. 제가 남편에게 단단히 이야기했어요. 직접 배달오신 분이 여기 우유곽에 얼굴이 나와 있는 사장님이고, 당신 때문에 이 분이 더 이상 배달하지 않으면 우리 아들이 이 좋은 유기농 우유를 먹을 수 없다고요. 저희 사과를 받아주세요."

그 순간 서러움과 감격이 뒤섞여 눈물이 주체할 수 없이 흘렀다. 며칠 전 있었던 마음의 상처가 눈 녹듯이 녹아내리는 기분이었다.

'이 집에 배달을 오길 정말 잘했다, 포기하지 않길 잘했다.'

이런 사람에게 채소와 우유를 배송해 준다고 생각하니 하루에 몇 시간씩 걸리는 배달이 힘들기는커녕 뿌듯하게 느껴졌다. 지금도 이따금씩 그날을 생각한다. 초라한 원숭이의 모습이던 나, 그러나 다시 그 집의 문을 두드릴 수밖에 없었던 절실함, 그리고 나를 다시 일어설 수 있게 해준 그 독일인의 사과까지. 썬프레의 바퀴가 장애물에 걸린 것만 같아 잠시 멈추고 싶은 생각이 들 때마다 나는 그날을 생각한다. 그러면 신기하게도 더 세게 더 힘차게 바퀴를 굴릴 힘이 어디선가 솟아난다.

불안한 중국 먹거리,
건강한 콩나물로 승부수를 띄우다

밤낮 없이 뛰어다닌 2년의 시간

썬프레의 가정배송 사업은 날로 입소문을 탔다. 그러면서 한국인에서 일본과 대만인 가정으로 고객층을 넓혀갔다. 상하이의 면적은 서울보다 열 배 정도 크다. 배달해야 하는 집집마다 거리가 멀리 떨어져 있는데다 도로 사정이 좋지 않은 곳도 많다. 내비게이션이 널리 보급되어 있던 때도 아니어서 일일이 지도를 보며 찾아다니다 보니 배달 차량을 늘려도 하루에 배달할 수 있는 숫자를 확 늘리기가 어려웠다. 그러다 보니 전체 매출은 늘어도 인건비와 기름값을 빼고 나면 수중에 떨어지는 돈이 생각만큼 불어나지를 못했다. 그래도 한 번의 실수 없이 성실하게 배송을 다녔고 곧 한인식당에도 채소를 납품하게 됐다. 식당들이 대개 새벽부터 장사를 준비하는 터라 이때부터는 새벽 별을 보며 하루를 시작했다. 배추나 무가 가득 든 박스는 무게가 약 25킬로그램 정도. 새벽부터 집중적으로 땀을 뻘뻘 흘려가며 납품을 하다보면 손바닥 전체에 군살이 배겨 아침밥을 먹기가 힘들 지경이었다. 당시 한국식당의 주방에는 조선족 동포들이 주로 일을 했다. 배달을 하는 우리를 어찌나 무시하는지 바쁜 아침 시간에 스무 가지가 넘는 채소의 종류를 하나하나 저울에 달아보면서 타박을 해댔다.

"사장님, 이거 좀 부족한데요?"

저울을 유심히 쳐다보면 겨우 5, 10그램 정도나 부족할까? 그걸 핑계 삼아 주방장들은 아침부터 우리를 구박하고 화풀이를 하곤 했다. 그렇게 시간을 허비한 날은 아침밥을 먹을 틈도 없이 시간에 쫓겨 바로 다시 운전대를 잡고 장거리 가정 배송을 다녀야 했다.

몸은 고됐지만 가정이나 식당 이외에 좀 더 효율적인 판매처를 찾기 위한 노력도 게을리 할 수 없었다. 그중 하나가 한인 슈퍼마켓이었다. 고민 끝에 수퍼마켓의 한국인 사장들을 쑨차오 현대농업원으로 초대했다. 이 농업원은 전체가 유리온실로 되어 있어 방문하는 순간 누구라도 그 규모와 시설에 탄성을 자아내게 된다. 유리온실 1천 평을 짓는 데 한국 돈으로 약 50억 원이 든다고 하면 이곳은 온실로만 5만 평이 넘으니 기본적인 시설투자 금액만 2천500억 원이 넘는 셈이다. 그야말로 중국 농업의 집약체다. 중국의 농업은 우리와 달리 집단농장 체제로 운영된다. 그렇다고 북한식 사회주의 집단농장처럼 아무 권리가 없는 주민이 강제동원이 되어서 농사를 짓는 것이 아니다. 집단농장을 중국어로 '集團農場'이라고 표기 하는데 '集團'은 기업을 뜻하는 말로 농민공을 고용해 봉급을 주면서 운영하는 기업형 농업이라는 뜻이다. 농민공을 고용해 봉급을 주면서 운영하는 기업형 농업이다. 따라서 국가 단위로 대단위의 투자가 이루어지고, 생산물은 모두 국가가 책임을 지기 때문에 농업이 매우 안정적이다. 농사를 개인이 짓는 것으로만 알고 있는 한국 사람들의 눈에 이 농업원은 신선한 충격이 될 것이 틀림없었다. 예상은 적중했다. 한국 슈퍼마켓 주인들은 그 자리에서 썬프레의 유기농 채소를 납품받기로 결정했다. 그리고 이들은 나중에 농업원이 아니라 썬프레의 독자적인 콩나물이 나왔을 때에도 제일 먼저 관심을 보였다.

쑨차오 현대농업원에서 일하는 것은 여러 번이나 큰 도움이 됐다. 썬프레가 콩나물을 팔기로 작정하고 포장지가 필요해 큰 공장에 주문을 했을 때였다. 주문 물량이 적다고 주문을 흔쾌히 받아주지 않았다. 아무래도 이름 없는 작은 회사라는 것, 대표가 중국인이 아니라는 것을 미심쩍어 하는 것 같았다.

"결제는 확실히 해드리겠습니다. 그래도 못 믿으시겠다면 저희 사무실에 와 보고 결정하십시오."

영업 담당자는 당장 쑨차오 현대농업원으로 달려왔다. 일단 농업원에 와본 사람은 대부분 호의를 보였다. '이런 곳에서 믿어준 업체라면 우리도 믿고 일을 받을 수 있겠다'며 태도를 180도 바꿔 바로 수주를 받아주었다. 중국 정부에서 운영하는 우수한 설비의 농업원을 이용해 백 번 설득할 필요 없이 '꽌시'를 쌓고, 장사의 운도 트였다. 다시 생각해도 고맙기 그지없다. 그 뒤로도 채소와 우유 배송 사업을 2년간 더 하면서 농업원에서도 '썬프레'라는 회사를 인정해주기 시작했다.

그러나 다시 고민이 시작됐다. 우리 입장에서는 좋은 중국 농업원에서 재배되는 믿을 수 있는 유기농 채소를 배송한다는 것 외에는 '썬프레'라는 브랜드로서 남는 것이 전혀 없었던 것이다. 또

한 번의 도약이 필요한 시점이 된 것이다.

매일 먹는 안전한 먹거리, 콩나물

'하루만이라도 새롭게 하고 나날이 새롭게 하라!'

편하고 익숙한 것에 안주하는 것을 피하라고 했던 공자님의 말씀이 다시금 뇌를 강타했다. 가정마다 작은 꾸러미를 배달하고 아침마다 식당에 채소를 배달하는 것에 머물 수는 없었다. 여기서 더 나아가 이제는 중국 슈퍼마켓이나 대형마트의 채소 코너에 '썬프레'라는 이름을 걸고 싶었다. '중국에서 먹고 살 수나 있을까' 걱정하며 비행기에 몸을 실었던 청주 촌놈이 '썬프레'라는 브랜드를 중국 땅에 뿌리 내리기로 결심한 것이다. 전연희 실장과 우피탸오 주관에게 이런 마음을 넌지시 내비쳤더니, 두 사람은 눈이 동그래지면서 물었다.

"중국 마트나 슈퍼에서 우리가 경쟁력이 있을까요?"

당연한 의심이었다. 그러나 다시 말하면 '우리가 무엇을 더, 어떻게 잘 팔 수 있을까?'를 고민하면 되는 것이었다.

그때부터 우리는 중국의 먹거리 시장을 샅샅이 살폈다. 한국인 장사꾼이, 작은 업체 '썬프레'가 남들보다 잘 할 수 있는 아이템이 무엇인지 찾아다니기 시작했다. 그리고 발품 끝에 깨달았다. '여러 채소를 팔아서 재고를 많이 쌓아두기보다는 가장 잘 할 수 있는 한 가지 품목에 집중하자!'는 것이었다.

중국은 몇 차례 가짜 먹거리 파동을 거치면서 가짜 제품들이 사회적으로 심각한 문제로 떠올랐다. 오죽하면 엄마 빼고 다 가짜라는 말까지 우스갯소리로 돌았을까. 장기간 복용하면 암을 유발시킬 수 있어서 사용이 금지된 성장촉진제를 넣은 '독 콩나물'이나 돼지고기나 오리, 닭고기 등에 화학조미료인 소고기 가루를 첨가해 소고기로 둔갑시키고, 영유아들이 먹는 우유에 멜라민을 넣어 사망자까지 나왔던 사건은 중국 전역을 발칵 뒤집어놓았다. 화학 물질로 감쪽같이 달걀을 만들어 판 '가짜 계란'은 보고도 믿기지 않을 지경이었다. 조용하다 싶으면 터지는 먹거리 사건은 결국 중국인들이 자국 상품을 불신하도록 만들었다. 여기서 나는 또 하나 확신이 들었다.

'불확실한 시장에 확실성을 주면 필승한다!'

성실하게 믿을 수 있는 품질의 제품을 생산한다는 한국인의 이미지를 이용해 불안전한 중국의 먹거리 시장에 좋은 제품을 내놓으면 승산이 있을 것이라고 생각했다. 한국인이라서 불리한 것이 아니라 한국인이라서 유리한 점을 최대한 이용해야 하는 것이다. 소비자들이 불안해하는 중국의 내수시장은 한국 기업들에게는 확실히 기회다. 식음료뿐만 아니라 의약품, 화장품 시장에서도 상대적으로 '한국산' 제품은 안전하다는 인식이 강하기 때문이다. 중국 현지 제조업체들이 계속해서 한국 기업에 합작이나 제품 문의를 하는 이유도 여기 있다.

이 시점에 롯데 기업의 사례에서 얻은 깨달음도 큰 도움이 되었다. 롯데그룹의 직원들이 신격호 총괄회장을 우스갯소리로 '우리 껌팔이 회장님'이라고 부른다는 것이었다. 그 말에는 푸드부터 건설, 호텔 사업까지 대한민국 재계 20위권의 롯데그룹이지만 그 시작은 작은 껌 하나였다는 의미가 들어 있다.

'작지만 매일 먹는 품목으로 승부를 본다?'

나에게는 그 점이 아주 큰 깨달음이었다. 처음에 작은 아이템으로 시작해야 상대적으로 쉽게 마트나 슈퍼마켓에 입점할 수 있다. 일단 한 번 입점한 후에 단위나 품목을 조금씩 키워가는 건 상대적으로 더 쉽기 때문이다. 중국 소비자들이 가장 싸고 손쉽게 매일 소비하는 먹거리가 바로 콩나물과 숙주다. 사실 콩나물은 중국인들이 숙주만큼 매일 즐겨 먹는 식재료는 아니지만 그래도 상하이에서만 하루 소비량이 250톤에 이를 만큼 대중적이다. 그리고 다행히 한국인에게는 숙주보다는 콩나물이 더 친숙하다. 밥부터 무침, 국까지 그동안 우리는 콩나물이 들어간 음식을 얼마나 많이 먹어왔나.

'그래, 콩나물이라면 내가, 우리 썬프레가 상하이에서 누구보다도 좋은 품질을 골라 잘 팔 수 있다!'

콩나물 프리미엄 브랜드로 황제 마케팅에 나서다

판단을 하고 확신이 서면 바로 행동해야 한다. 콩나물에 확신이 서자 좋은 품질의 콩나물을 공급받기 위해 검증된 생산공장을 찾아다니기 시작했다. 그리고 괜찮은 곳이 있으면 삼일 밤낮을 공장에 머물며 콩나물을 깨끗하고 건강하게 기르는지, 콩나물을 씻고 담는 전 과정이 믿을 수 있게 이루어지는지 꼼꼼하게 살폈다. 그리고 최종적으로 한 공장을 선택해서 '주문자 상표부착 생산 방식OEM, Original Equipment Manufacturer'으로 계약을 체결했다. 썬프레 브랜드의 포장지를 따로 제작해 콩나물을 일정한 분량으로 담고 포장했다. 품질에 대한 자신감이 생기자, 콩나물과 숙주를 프리미엄 상품으로 제작해 고급 마트에서 같이 팔았다. 반응은 폭발적이었다. 숙주와 콩나물을 같이 팔면 중국인이 자주 먹는 숙주가 더 많이 팔릴 것이라는 예상과는 달리 7대 3의 비율로 콩나물이 날개 돋친 듯 팔려나갔다. 사실 썬프레의 숙주는 기존 중국 회사가 팔던 숙주와 크게 차이를 느낄 수 없었던 반면, 주요 품목으로 생각하고 신경을 쓴 콩나물은 품질에서 확연한 차이를 느낀 것이다. 판매 방식의 차별화도 성공 요인이었다.

당시 상하이에서는 수입 식재료만 취급하는 고급 마트에서조차 콩나물을 시루에 넣고 소비자가 원하는 만큼씩 뽑아서 가져가도록 하고 있었다. 500그램에 약 0.8위엔(한화 약 180원), 딱 우리나라 20, 30년 전 방식이었다. 우리는 20, 30년 후 미래에서 온 사람들처럼 행동했다. 350그램씩 개별포장을 하고, 포장지 앞면에는 콩나물이 안전하고 건강하다는 것을 강조하기 위해 '무공해 콩나물'이라고 한글로 적었다. 중국인들이 대충 한글을 알아보기 때문이었다. 가격은 일반 콩나물보다 열 배 가까이 비싼 6원, 6원 50전으로 매겼다.

썬프레의 콩나물은 이미지에서부터 까다로운 마트 담당자와 소비자들의 마음을 사로잡으며 그야말로 불티나게 팔려 나갔다.

나는 썬프레의 콩나물 사례를 '황제 마케팅'이라고 부른다. 안전하고 믿을 수 있는, 그리고 편리하게 소비할 수 있도록 만든 고급 상품에 소비자는 기꺼이 비싼 가격을 지불한다. 이것이 바로 황제 마케팅의 핵심이다. 그것은 불확실한 시장일수록 효과적이고, 고급 소비자들의 마음을 사로잡는 지름길이다.

'썬프레'를 다시 일어서게 한 무공해 콩나물. 상하이에서도 한글상표를 그대로 살렸다.

공장은 절대 짓지 않겠다,
무공장 제조기업을 벤치마킹하다

공장 없는 제조업

청주에서 사업을 할 당시, 식품가공 공장을 직접 운영하면서 하루도 마음 편하게 잠든 적이 없었다. 우선 먹거리를 다루다 보니까 제품을 제조하는 과정에서 작은 실수 하나도 용납할 수 없을 만큼 작업이 까다로웠다. 게다가 제품을 제조하는 과정에서 발생할 수 있는 모든 책임을 제조 공장에서 부담을 하다 보니 하루가 멀다 하고 예상치 못한 비용이 무수하게 발생했다. 사고라도 나면 손해 비용과 사고처리 및 벌금, 불량품 재고를 떠안는 것이 작은 기업일수록 큰 부담일 수밖에 없다. 새벽에 휴대전화라도 울리면 '이번에는 또 무슨 일일까?' 불안한 마음에 전화를 받기도 전부터 심장이 요동을 쳤다.

그런데 세계적으로 성공한 기업들을 보니 한 가지 공통점이 있었다. 바로 자체 공장이 없다는 것이다. 가장 대표적으로 거론되는 것이 나이키와 애플이다. 나이키는 1972년 창업 당시부터 해외 하청공장에 생산을 맡기고 '주문자 상표부착 생산방식OEM'을 고수하면서 엄격한 품질관리를 하고 있다. 애플Apple사도 미국 본토에서 제품 개발과 디자인을 마치면 중국 광둥성 둥관시의 팍스콘에서 제품을 만들어 낸다. 세계 최고의 식료품 회사인 썬키스트도 자체 가공 공장이 없다. 썬키스트 외에 식료품 회사로 유명한 델몬트나 돌Dole도 공장은 둘째치고 기업이 직접 소유한 농장도 단 한 평 없다. 뉴질랜드의 키위업체인 제스프리Zespri 역시 농장과 유통업체의 법인 자체가 분리되어 있다.

제조업이기는 한데 자체 공장을 운영하지 않는 기업을 '공장 없는 제조업체Factoryless goods producers', 즉 '무無공장 제조기업'이라고 부른다. 본사는 기획과 마케팅, 연구 개발과 디자인 등 비생산 고부가가치 분야에만 집중하고, 실질적인 제품생산은 모두 외부의 전문 제조기업에 아웃소싱을 주어 해결한다. 한국무역협회 국제무역연구원에서도 국내 중소기업들이 제품 경쟁력을 강화하려면 이런 '무공장 제조' 전략을 활용해야 한다고 강조해 왔다. 특히 우리나라 기업이 세계의 공장인 중국에 진출할 때 이 '무공장 제조 기업' 전략이 큰 효과를 볼 수 있는 것은 맞다. 인력이 우수한 우리나라 기업은 기획과 연구력, 마케팅에 집중하고, 생산은 효율성이 뛰어나고 인건비가 저렴한 중국의 공장을 이용한다면 중소기업도 생산력을 높일 수 있을 것이다.

썬프레 우유는 꽝밍식품 유한공사에서 OEM 방식으로 생산한다. 썬프레의 자체 공장 없이 고품질 우유를 썬프레 브랜드로 판매한다.

'그래, 이번에는 절대 공장을 짓지 않겠다. 나는 공장주가 아니라 장사꾼임을 잊지 말자.'

공장 경영으로 인한 과도한 부채로 망했으니 공장을 짓는 것은 다시 생각하고 싶지도 않았다. 머릿속에서 아예 '우리 공장'이라는 단어를 지워나갔다. 현재 썬프레가 판매하고 있는 식품 품목은 20여 가지에 달한다. 하지만 직접 소유하고 있는 공장은 콩나물 포장공장 하나밖에 없다. 그 외의 제품생산과 관련 일은 모두 아웃소싱으로 외부 공장에서 이뤄지고 있다. 대표적으로 썬프레 우유는 꽝밍光明 식품 유한공사에서 OEM 방식으로 생산되고 있다. 꽝밍光明은 현재 상하이에서만 공장을 1공장부터 7공장까지 가동하고 있는 중국의 대표적인 유제품 가공기업이다. 그중에서 썬프레 우유는 제 1공장에서 만들고 있다. 꽝밍 같은 대기업에서 우리 같은 중소기업의 제품을 위탁받아 제조해 준다는 것이 한국의 정서상으로는 낯선 풍경일 것이다. 한국에서는 공장도 독과점으로 운영되기 때문에 고품질의 제품을 생산하는 대기업에서는 중소업체의 위탁 생산을 받아주지 않는다. 그러나 중국은 다르다. 서로 원하는 것을 잘 맞추서 협상만 잘하면 합리적으로 판단해서 적은 물량이라도 생산을 해준다. 먼저 수량을 정해서 주문을 넣은 후 별도로 제작한 썬프레 우유 패키지를 수량만큼 제공한다. 그러면 꽝밍 공장에서 자사 브랜드의 우유를 생산하다가 잠깐 가동을 멈추고 주문받은 수량만큼 썬프레 패키지에 우유를 담아준다. 이렇게 썬프레 우유 한 병이 완성된다. 만약 썬프레가 자체 공장을 설립해 우유를 생산하는 방식을 생각했다면 콩나물에서 우유로 사업 아이템을 확장시키는 것 자체가 불가능했을 것이다. 자금을 끌어 모아서 목장과 공장을 짓고, 생산인력을 늘리고, 공장은 기계가 쉬면 그만큼 손해이므로 판매와 상관없이 매일 일정 수량 이상을 생산해야 할 것이다. 쌓이는 재고는 오롯이 기업이 떠안아야 한다. 그러다 보면 브랜드 가치에 치명타를 입히면서까지 판매 가격을 낮추는 출혈을 감수해야 하는 상황까지 올 수 있다.

전략적 아웃소싱의 저력

1986년, 나의 첫 직장이었던 대농그룹은 연간 매출이 총 1조 2천억 원이었다. 이는 당시 우리나라 20대 그룹 안에 들 만큼 높은 매출액이었다. 반면 비슷한 시기에 '한국 고유 청바지 브랜드'를 내걸고 나온 '잠뱅이'는 연 매출이 1천500억 정도에 불과했다. 잠뱅이 본사에서는 소수의 직원이 디자인의 방향을 정하고 그에 맞춰 데님을 디자인하고 원단, 버튼, 라벨, 지퍼와 같은 자재들을 결정한 후

패턴을 제작하는 일까지만 진행했다. 대신 샘플을 제작하고 봉제와 워싱을 하고, 부자재를 완성하는 것은 모두 아웃소싱으로 해결했다. 같은 섬유기업이었던 대농은 연간 1조2천억 원을 벌면서 그룹의 인력도 1만여 명이나 되는 거대 공룡이었다. 청주에 동양 최대의 방직공장을 운영하면서 회사 내에서 제품에 관한 모든 것을 해결하는 구조다 보니 인력도 그만큼 필요했던 것이다. 지금 생각해 보면 잠뱅이가 규모는 작았을지 몰라도 아웃소싱을 통해 회사를 참 효율적으로 잘 운영했다는 생각이 든다.

아웃소싱을 잘 활용해서 1980년대 후반에는 기업 순위에도 없다가 지금은 국내 기업 순위 20대 회사로 성장한 곳이 또 있다. 바로 '이랜드' 그룹이다. 박성수 회장이 초창기에 이화여대 앞에서 보세 가게 몇 개를 운영할 당시, 대농에서 운영하는 공장에 아웃소싱으로 발주를 해온 적이 있었다. "언제 망할지도 모르는 작은 업체"라며 대농이 외상도 안 주던 시절이었다. 그런데 지금, 공룡 기업 대농은 망하고 공장 하나 없던 이랜드는 한국과 중국, 그리고 아시아 전역에서 승승장구하고 있다.

이랜드 외에도 대농 공장에서 아웃소싱으로 물량을 발주했던 기업 중에는 '유니클로'도 있었다. 당시 나는 대농의 일본 사업부에서 근무 중이었다. 우리 부서가 유니클로에서 하청을 받아 연간 500억 원어치 수익을 올리곤 했다. "대체 이런 옷은 누가 입는 거야?" 궁금증을 자아냈던 그 유니클로가 지금은 전 세계 SPA 브랜드 5위 안에 든다. 이랜드 역시 '이렌衣戀'이란 현지명 브랜드로 1994년에 중국으로 처음 진출한 뒤, 중국 대륙에서만 현재 8천 개의 의류, 외식, SPA 브랜드(스파오·미쏘·후아유 등)의 영업 매장을 갖고 있으며 매출 3조 원을 바라보고 있다. 현지에서 저렴하고 풍부한 노동력을 확보하고 생산과 판매를 한 번에 해결하는 전략적 아웃소싱의 저력을 보여주는 대표적인 사례다.

썬프레는 지금까지 무공장 제조기업으로서 OEM을 통한 아웃소싱을 원칙으로 지켜오고 있다. 물론 앞으로도 이 원칙은 지켜질 것이다. 썬프레가 녹록치 않은 중국시장에서, 그것도 외국인이라는 신분과 넉넉하지 않은 자본으로 지금까지 살아남을 수 있었던 가장 큰 요인은 공장을 직접 운영하지 않고 생산을 외주로 돌림으로써 자금의 효율성을 극대화했기 때문이다. 또 중간 벤더 없이 유통업체들과 직거래를 하기 때문에 최소 20~30% 이상의 높은 마진을 남길 수 있고 3년째 해마다 100%의 성장률을 기록하고 있다. 그래서 현재 우리는 부채 비율이 0%에 가깝다. 또 OEM을 통한 아웃소싱 생산을 활용하다 보면 주기적으로 판매 가능한 수량을 계산해서 그에 맞게 물량을 주문할 수 있다. 그러면 재고를 최소화할 수 있다는 점도 매력적이다.

아웃소싱이 물론 만능은 아니다. 아웃소싱으로 다 해결한다고 망하지 않는 것도 아니다. 반드시 믿을 만한 파트너를 골라야 한다. OEM 방식의 취약점이 바로 품질관리이기 때문이다. 나는 중국의 대기업에서 운영하는 공장에만 OEM 발주를 낸다. 그렇지만 이런 곳도 철저하게 관리 감독을 해야 한다. 오죽하면 중국 공장 사람들 사이에서 내 별명이 '독종 장장원'으로 불린다. 본격적인 계약을 하기 전 사나흘 간 그 공장에서 사람들과 숙식을 함께 하면서 공장의 원료 수급과 위생상태, 제품생산 과정, 직원들의 태도와 숙련도를 일일이 체크한다. 이렇게 하면 그 공장의 환경과 상태를 파악하는 데 도움이 될 뿐 아니라 공장에서도 나를 쉽지 않은 사람으로 여기고 태도가 달라진다. 고개를 절레절레 저으며 못마땅한 내색을 내비치던 공장 책임자들도 계약을 체결하고 나면 유독 내 주문에 대해 성심성의를 다해준다. 얼마나 깐깐한 사람인지 직접 겪어봤기 때문이다. 현재 썬프레가 관계를 맺은 공장들은 모두 이렇게 지속적인 관찰 과정을 거쳐 검증된 곳들이다. 썬프레가 믿고 먹는 '중국산'이 될 수 있었던 방법이다.

서른두 번의 도전,
발품처럼 위대한 꽌시는 없다

고급 마트를 뚫어라

"일단 입점만 되면 썬프레 콩나물은 분명히 잘 팔립니다. 팔 수 있는 기회를 주십시오!"

시티숍의 입점 담당자를 찾아간 지 서른두 번째 되는 날이었다. 썬프레가 '건강하고 믿을 수 있는 고급 프리미엄 브랜드'가 되는 것만이 성공하는 길이라는 확신이 선 후부터 무작정 시티숍 본사를 찾아가 입점 담당자에게 매달렸다. 조목조목 우리 제품의 장점을 설명하기도 하고, 조르기도 하고, 그저 눈도장만 찍고 오는 날도 있었다.

상하이의 시장은 세계 각국의 내로라하는 유통업체들이 모두 모여 각축전을 벌이고 있다. 그야말로 유통산업의 전쟁터인 셈이다. 우리나라의 이마트와 롯데마트는 물론이고, 상하이의 로컬 고급 마트인 씨티숍CITY SHOP부터 중국 최대의 유통회사인 화룬華潤 유한공사 '화룬완자华润万家'의 올래OLE, 홍콩 자본의 시티슈퍼city'super, 미국의 월마트 계열사인 샘스클럽Sam's Club과 태국의 로터스Lotus, 프랑스의 까르푸Carrfour, 영국의 테스코Tesco와 일본의 로손Lawson까지 세계의 거대한 유통업체들이 상하이에 발 하나씩은 담그고 있다고 생각하면 된다. 그러니 당연히 중국 경제의 미래를 상하이에서 한 눈에 볼 수 있고, 중국의 경제력은 상하이에 밀집되어 있다고 해도 과언이 아니다. 그래서 상하이는 '황제 마케팅'을 펼치는 썬프레에게 전략적 요충지이며, 최적의 도시다. 왜냐하면 이곳의 까다로운 고급 소비자들에게 인정을 받기만 하면 주변 도시인 2선, 3선 도시로 자연스럽게 흘러 들어가는 건 당연지사이기 때문이다. 이 생각을 할 때면 예나 지금이나 가슴이 설레어 오는 걸 멈출 수가 없다.

상하이에 자리 잡은 마트들의 주요한 특징 중 하나는 철저한 계층 분리다. 임의로 나눠보면 크게 외국인과 상류층이 이용하는 고급 마트와 중산층을 대상으로 한 중가형 마트, 그리고 아주 서민

썬프레가 처음 입점한 시티숍 내부 매장에 진열된 썬프레 우유

적인 마트로 구분된다. 한국에서는 경제력이 높은 사람들도 백화점 슈퍼마켓이나 식료품점을 빼면 다 엇비슷하게 이마트나 롯데마트, 홈플러스를 간다. 그러나 상하이에서는 경제력이 최상위인 상류층 사람들은 일반 대형마트가 아니라 식료품부터 생활용품, 일회용품까지 고급 제품을 선별해서 판매하는 일종의 편집숍 같은 마트를 이용한다. 그 대표적인 곳이 바로 썬프레가 처음 입점한 시티숍이다. 한국으로 치면 서울 강남구 도곡동의 타워팰리스 단지 지하에 있는 스타슈퍼나 SSG마켓 정도라고 할까? 물론 이보다 훨씬 더 차별화되어 있어 부자들은 더 멀고 번거롭고 비싸더라도 마트를 철저

히 가려서 이용한다.

썬프레가 유기농 콩나물을 고급 마트에 납품하면서 가격을 보통 콩나물보다 열 배 정도 비싸게 잡았던 것도 그런 이유였다. 철저하게 차별받기를 원하는 사람들에게 최고의 상품을 제공하면 그들은 기꺼이 지갑을 열기 때문이다. 그래서 고급 마트에 입점을 하겠다는 원대한 포부를 품었던 것이다. 그러나 10년 전 빈털터리나 다름없이 상하이에 온 한국인이 중국에서 인맥을 이용할 좋은 '꽌시'나 자본이 있을 리 만무했다. 처음에는 뭣도 모르고 약속을 하지 않고 무작정 찾아갔다가 입구에서부터 저지를 당했다. 미리 약속을 안 하면 절대로 담당자를 만날 수 없다는 것이었다. 하는 수 없이 문 앞에서 발걸음을 돌릴 수밖에 없었다. 그렇게 하염없이 몇 주가 흘렀다. 비서를 통해 월요일마다 약속 일정을 잡았다. 아마 수시로 찾아오는 내가 담당자는 어지간히 귀찮고 곤란했을 거다. 그러나 한편으로 돈도 없고, 인맥도 없어 '발품'이라도 팔려고 끈질기게 자신을 찾아오는 이 장사꾼이 불쌍해 보이기도 했을 것이다.

'힘들어도 어쩔 수 없다. 작은 일반 마트나 한인 슈퍼마켓부터 접근을 하면 일은 더 쉽게 풀리겠지만 그렇게 되면 절대 그 이상으로는 올라갈 수 없다. 되든 안 되든 무조건 고가 마켓에서 승부

를 띄워야 한다.'

서른두 번이나 거절하는 사람도 힘들었겠지만, 서른두 번이나 찾아가는 사람도 고역이었다. 그래도 어쩔 수 없었다.

꽌시, 신뢰와 정으로 쌓은 관계

서른두 번째의 만남, 평소 대쪽 같이 굴던 담당자는 그날 따라 어떤 마음에서였는지 썬프레의 콩나물과 숙주에 대해 다시 한 번 천천히 귀 기울여 들어주었다.

"정말 잘 팔 자신이 있습니까?"

"물론입니다. 이건 시티숍 손님들이 어디서도 보지 못한 새로운 콩나물입니다. 최고급 품질에, 믿고 먹을 수 있고, 포장도 편리하게 돼 있습니다. 손님들은 포장지 하나로 한 눈에 알아볼 것입니다. 그 다음부터는 이것만 찾게 될 것입니다. 시티숍에 딱 어울리는 먹거리 아닙니까?"

"역시 한국 분은 다르군요. 이번에 콩나물이라는 걸 새로 보게 되는 계기가 됐습니다. 어디, 한번 같이 잘 해 봅시다!"

"정말입니까? 감사합니다. 감사합니다. 감사합니다!"

그날 허리를 굽혀 감사하다는 인사를 몇 번이나 했는지 모른다. 꿈인지, 생시인지 세상을 다 가진 것 같은 기분이었다. 그 뒤의 일들은 막혔던 수도가 뚫리면서 물이 콸콸 쏟아져 나오듯 순탄하게 흘러갔다. 당시 갓 서른을 넘긴, 다소 표독스러워 보이는 인상이었던 담당자 담웬루潭元露 씨는 이제 어느덧 썬프레와 10년이 넘는 세월을 함께 하고 있다. 지금은 썬프레를 하나라도 더 챙겨주기 위해 애쓰는 푸근한 인상의 40대 여성이다. '꽌시关系'가 별 게 아니다. 우리 단어 '관계'를 중국어로 읽은 것뿐이다. 비즈니스에서 관계는 서로 이익을 공유하며 맺어지기도 하고, 오랜 시간 우정을 쌓으며 돈독해지기도 하고, 서른두 번 눈도장을 찍으며 고운 정, 미운 정이 다 쌓이기도 한다.

한국은 사전에 따로 소개를 받지 않아도 유통업체의 담당바이어 전화번호를 알아내기만 하면 직접 만나주든 안 만나주든 담당자와 통화는 할 수 있다. 그러나 중국에서는 거래처가 유통업체 담당자와 바로 통화하는 것이 근본적으로 차단돼 있다. 설령 본사의 교환과 연결이 되더라도 담당자에게 바로 연결을 해줄 확률은 상당히 낮다. 회사 대표번호로 수백 번 전화해도 교환이 전화를 아에 받지 않는 회사도 많다. 이런 상황이기 때문에 거래를 처음 트기 위해서는 업체를 직접 방문하는 것이 가장 시간을 단축하는 길이다. 그뿐 아니다. 나는 평소에 중요한 내용을 논의하거나 거래를 할 때 전화보다는 직접 얼굴을 보는 것을 선호한다. 전화로만 이야기를 나누면 될 일도 안 되게 만들 수 있다. 전화는 그 특성상 얼굴을 마주하지 않기 때문에 쉽고 간단히 "노NO"라고 대답할 수 있기 때문이다. 그래서 나는 중요한 상담을 해야 할 때에는 상대방이 오지 말라고 해도 몇 번이든 직접 방문해 상담하는 것을 원칙으로 하고 있다.

중국에서 비즈니스를 하면서 '꽌시'의 중요성을 말하는 한국인들이 많다. 그러나 아무리 고급 인맥의 좋은 꽌시라도 내 몸에 맞는 옷이라야 날개가 된다. 꽌시를 통해 큰 슈퍼마켓에 한 번 입점은 할 수 있을 것이다. 그러나 그 꽌시가 장사까지 잘 되게 해주지는 못한다. 도움을 받아 입점을 했는데 장사가 되지 않으면 더 골치가 아프다. 고급 꽌시일수록 '소를 잡을 수 있는 칼을 닭 한 마리 잡는데 써 버린 격'이기 때문이다. 나도 이제는 중국 내 고위직 인사들과 꽌시가 꽤 많아졌다. 그렇지만 지금 당장은 그 꽌시를 이용할 생각은 없다. 좀 힘들더라도 콩나물이나 우유 장사로 더 돈을 번 후 더 큰 사업을 하면서 정말 필요한 순간에 꽌시를 쓸 것이다. 가장 가치 있는 꽌시는 내가 직접 발품을 팔면서 만나는 가장 말단의 책임자다. 그 사람이 우리 회사 제품의 실적을 올려주고, 우리 회사에 더 큰 이익을 올려 주리라는 걸 아는데, 나는 딱 10년이 걸렸다.

호랑이를 잡으려면 호랑이굴로 들어가라

현재 상하이의 중심은 동방명주탑东方明珠塔, Oriental Pearl Tower과 상하이센터가 있는 푸둥浦东의 루쟈주이陸家嘴이다. 신흥지 상하이 국제금융센터와 가까운 곳에 위치해 외국계 금융회사들이 가장 선호하는 지역으로 알려진 루쟈주이는 세계 금융의 중심인 미국의 월스트리트가 중국으로 옮겨 온다고 가정할 때 후보지로 가장 먼저 거론되는 곳이기도 하다. 이곳에 있는 빌딩 사무실은 세계의 500대 그룹 외에는 입주 자체가 거부된다고 한다. 사무실을 비워둘지언정, 아무리 많은 임대료를 내겠다고 해도 그 외의 기업들은 입주를 시키지 않겠다는 나름의 정책을 고수하고 있다. 바로 이곳에 있는 IFC몰의 지하 고급 마트에서 우리 썬프레의 콩나물과 우유, 두부 등이 팔리고 있다. 팔리기도 잘 팔리지만 무엇보다 상하이에서 제일가는 고급 빌딩의 마트에 있다는 사실만으로도 썬프레가 중국 내에서 비즈니스를 할 때 얻는 후광 효과는 가격으로 환산할 수 없을 만큼의 가치를 갖는다.

그뿐 아니다. 서울의 명동과 비교될 만큼 백화점과 쇼핑센터 등이 밀집되어 있는 난징시루南京西路에는 상하이 최초의 불교 사원이며 금빛 찬란한 자태를 뽐내는 징안스静安寺가 있다. 이 징안스 바로 옆에 있는 지우광백화점은 전통 있는 고급 백화점으로 유명하다. 그 아래에 있는 슈퍼마켓은 물건 값이 터무니없이 비싼 데도 불구하고 상하이 전체에서 장사가 가장 잘 되기로 유명하다. 한국으로 치면 롯데백화점 본점의 지하에 있는 슈퍼마켓 정도라고 생각하면 된다. 이곳에도 썬프레의 콩나물과 우유, 두부가 입점이 되어 있고 잘 팔리고 있다. 상하이에 백화점이 슈퍼마켓을 구비한 경우는 이 지우광백화점이 유일하다. 상하이에만 세 군데의 지점이 있는데, 다 슈퍼마켓이 딸려 있고 물론 그 세 군데에서 다 썬프레 제품이 팔린다. 난징시루에 위치한 또 하나의 대표적인 쇼핑몰인 징안케리센터 쇼핑몰에서도 역시 썬프레의 식품이 눈에 쉽게 띈다. 이렇듯 고급 소비자들을 대상으로 한 핵심 상권에서 우리 브랜드를 쉽게 볼 수 있다는 것은 지금 당장 눈에 보이는 효과 이상의 것을 의미한다. 시간이 갈수록 더 강력한 브랜드 파워로 나타날 것이기 때문이다.

대한민국은 전체 5천만의 인구로 시장을 이루지만 중국은 14억이라는 인구를, 그것도 지역 간에 50년이라는 시간차가 있는 상태에서 경영해 가고 있다. 50년의 시간 차가 생긴 이유는 중국이 지역별, 도시별, 농촌과 도시별로 개발 수준과 소득 수준의 격차가 너무 커서 지역 간의 불균형이 심각한 상황이기 때문이다. 개발 속도에 따라 중국의 도시를 몇 단계로 나누면 맨 위칸을 차지하는 1선 도시인 상하이에서 다음 단계의 2선 도시들로 그 발전 내용이 녹아 내려가는 데 10년 정도 시간이 걸릴 것으로 보고 있다. 또 그 아래 단계 3선~4선 도시로 내려가는 데 또 다시 10년이 걸리고. 이렇게 하면 적어도 한 40년~50년 동안 제 1도시인 상하이의 위치는 불변할 것이다. 따라서 중국에서 장사를 하려면 처음부터 제 1도시로 가야 한다. 진입하기가 쉽다고 3선 도시부터 진출하면 절대 1선 도시로 거슬러 진입할 수가 없다. 또한 아래 도시들에서 온 바이어들이 이곳에서 본 제품에 대해 호감을 갖게 되면 큰 힘을 들이지 않아도 자연스럽게 아래 도시로 진출할 기회가 생길 것이다. 그래서 10년 전, 상하이의 가장 고급 지역의 시티숍을 서른두 번이나 찾아가면서 나는 주변 사람들에게 이렇게 예언했다.

"일단 이곳에 입점만 하면 상하이의 다른 지역에서, 그리고 다른 도시에서 반드시 우리를 먼저 찾아올 것이다."

그 예언은 정확하게 맞아 떨어지고 있다. 최근 나는 예언을 하나 덧붙였다.

"10년 후에도 상하이에서 썬프레 콩나물이 팔리고 있으면 썬프레는 중국에서 진짜 재벌이 될 것이다!"

앞으로 50년은 더 잘 나갈 상하이에서 썬프레가 잘 버티고 있으면 자연스레 2선, 3선 도시까지 진출이 될 것이고, 현재는 우리 콩나물이 상하이의 고급 마트를 중심으로 가장 판매가 활발하지만 중급 및 그 이하 소비계층까지 아우를 수 있는 로터스나 롯데마트에서도 잘 팔리게 된다면 썬프레는 그야말로 중국의 대표적인 안전한 먹거리 식품 브랜드로 성장할 수 있는 가능성이 높아질 것이기 때문이다. 중국에서는 한 번 고급 상권에 들어가면 그때부터 장사에 가속도가 붙는다. 그리고 그곳에서 알게 된 사람들과 신뢰를 바탕으로 탄탄한 관계를 잘 맺어놓으면 앞으로 중국에서 팔 것이 무궁무진하게 많다는 것을 나는 지금 몸으로 느끼고 있다. 상하이의 면적은 서울의 11.5배, 유동 인구는 4천만 정도(상주 인구는 약 2천 2백만)다. 한 도시가 대한민국 전체와 맞먹는 수준이다. 그리고 세계 경제를 움직이는 외국인 거주자만 100만 명이다. 그야말로 '국제도시'로써의 경제력을 보여주는 부분이다. 호랑이를 잡으려면 호랑이 굴로 들어가야 한다. 그리고 돈을 벌고 싶다면 부자가 있는 곳으로 가야 한다. 그곳이 바로 상하이다.

한류를 이용한 고가 전략, '무공해 콩나물'을 당당히 한글로 적다

한국이라는 브랜드 파워

"일반 콩나물보다 열 배가 비싼 콩나물이 과연 팔릴까요?"

시티숍 입점이 결정된 후 직원들과 밤샘 회의를 계속했다. 입점 확정은 분명 기쁜 일이지만 잘 팔리지 않으면 큰일이었다. 콩나물보다 숙주를 더 많이 먹는 중국인들이, 아무리 부자라고 해도 일반 콩나물보다 열 배나 비싼 콩나물을 과연 사 먹을까? 중요한 건 돈을 많이 벌기 위해 제품을 비싸게 팔려는 게 아니라는 '진심'을 알리는 것이었다. 좋은 품질의 제품을 가장 비싸게 팔자라는 건, 소비자들이 비싼 값을 치르더라도 믿을 수 있는 제품을 만들겠다는 꼿꼿한 의지였다. 일반 콩나물보다 열 배가 비싼 콩나물이려면 소비자들이 한 눈에 봐도 믿음이 확 가야 했다. 그걸 위해 가장 쉽게 활용할 수 있는 요소가 '한국인', '한글'이었다. 10년 전에는 중국 내 한국의 이미지가 지금보다도 훨씬 더 좋았다.

또 썬프레에서 일 년에 한 번씩 발행하는 회사 달력의 표지에는 구순이 넘으신 어머니의 사진을 일부러 넣었다. 일평생 농사를 지으셨던 '농사꾼' 어머니 덕에 채소 사업을 하고 있는 것이 감

세상에서 가장 존경스런 어머님의 사진을 넣은 썬프레의 달력

사하고, 또 한편으로는 아들 때문에 고향을 떠나 타국에서 고생하시는 어머님께 죄송한 마음이 들어서였다. 그런데 달력을 받은 거래처 사람들은 백이면 백, 으레 어머니가 썬프레의 창업자이신 줄로 오해를 했다.

"어머님의 연세가 90세 중반이시라고요? 썬프레의 유기농 식품을 드셔서 건강하게 오래 사시는 것 아닙니까?"

그렇게 어머니의 사진 하나로 자연스럽게 썬프레의 역사가 다듬어지고, '한국인 가족이 만든 믿을 수 있는 먹거리'라는 차별적인 브랜드 스토리가 생겨났다.

상하이에서 지금과는 비교할 수도 없이 초라한 규모로 채소와 우유를 배달하러 다닐 때에도 나와 직원들은 한국인이라는 점에서 특혜 아닌 특혜를 받았다. 비닐 작업복을 입고, 모자를 푹 눌러쓴 채 짐을 잔뜩 실은 작고 낡은 봉고차를 끌고 다니며 마트에서 마트로, 식당에서 식당으로 정신없이 다니다가 중간에 새로 생긴 마트나 슈퍼마켓이 보이면 바로 그 자리에서 전화를 걸었다. 바로 찾아가면 그 자리에서 '노No'할 것이 뻔하기 때문에 먼저 전화를 하는 거다. 인사를 하자마자 바로 "저는 한국 사람입니다"라고 일부러 더듬더듬 신분을 밝힌다. 그러면 한국에 대한 호감이 높아져 있는 사회적인 분위기 때문에 상대방은 일단 우리를 만나고 싶어 했다. 앞이 깜깜했던 사업 초창기 시절, 한국인의 긍정적인 이미지 덕분에 그렇게 거래처를 하나, 둘 만들어가며 한 발 한 발 앞으로 조금씩 나아갈 수 있었던 시절이었다.

안전하게 생산한 무공해 콩나물을 일반 중국 콩나물보다 열 배 이상 높은 가격을 매겨 소비자로 하여금 품질에 대해 확신을 갖게 한다는 황제 마케팅 전략도 '한국인이 만든 브랜드'라는 후광이 없었다면 쉽게 풀리지 않았을 수도 있다. 그렇게 시작된 썬프레의 콩나물이 이제 고급 마트와 편의점을 포함해 상하이에서만 하루 만 개씩 팔려 나가고 있다. 이제는 중산층과 서민을 공략하기 위해 일반 마트로까지 판매처를 확대하면서 고급 마트에서 팔리는 포장 콩나물이 아니라 같은 품질의 유기농 콩나물을 즉석에서 담아서 판매하는 방식도 취하고 있다. '썬프레'라는 브랜드 파워는 그대로 유지하면서 가격을 좀 낮춰 중저가 시장에 대응하기 위한 나름의 아이디어다. 콩나물이나 두부 등 식품 브랜드로 우리와 경쟁을 하고 있는 일본계 기업들은 자본도 풍성하고 홍보와 광고 마케팅도 전략적으로 활용하고 있어 우리가 따라가기에는 아직 역부족이다. 팔고 싶은 것, 팔 수 있는 것은 무수히 많지만 그것을 현실화하는 것도 결국 자본력의 싸움이다. 그래서 최근 썬프레가 중국 기업과 합작을 이루는 형태도 고민하고 있다. 바로 상하이에서 가장 큰 채소기업이자 상하이 최대의 콩나물 생산기업인 웬예수챠이原野蔬菜와 함께 공동법인을 만들어서 중저가 콩나물을 출시하는 것이다. 웬야수차이는 썬프레의 콩나물이 고급 마트 시장에 확실하게 자리를 잡은 것이 인상적이라며 일부러 우리를 찾아왔다.

로터스 내 썬프레 판매대다. 소포장 콩나물 외에 즉석에서 담아주는 형태의 저렴한 콩나물을 함께 판매하고 있다. 마트의 수준에 맞는 제품 차별화 전략

'정체성' 이라는 가치

사실 나는 콩나물 다음으로 중국 시장에 소개하고 싶은 먹거리 아이템이 있다. 바로 한국의 해남 고구마다. 해남 고구마는 중국의 일반 고구마보다 맛이 훨씬 달달하고 모양도 참 예쁘다. 게다가 지금 중국에서는 고구마를 통째로 쌓아놓고 판매를 하고 있다. 나는 해남 고구마 중에서도 당도가 가장 높은 최상품의 고구마를 중국의 고급 시장에 선보이고 싶다. 썬프레 콩나물을 성공시킨 방법처럼 고구마도 깨끗이 씻어서 350그램씩 나누어서 개별 비닐 포장을 하려고 한다. 그 비닐은 따로 벗겨낼 필요 없이 그대로 전자레인지에 넣어도 되는 신소재다. 그러면 5분 만에도 전자레인지에서 고구마가 노릇노릇 잘 익어 나올 수 있다. 판매처는 역시 상하이의 부자들이 이용하는 고급 마트로 정했다. 가격은 한국 고구마의 차별화된 맛과 품질, 거기에 편리한 방식의 패키지를 더했으니 중국의 일반 고구마보다 2~3배 이상 높게 책정될 것이다. 그리고 더 시간이 지나면 대한민국 충북 지역에서 신선하고 예쁘게 기른 쌈 채소를 항공기로 당일 배송을 해서 고급 마트의 야채 코너를 채우는 것도 기대하고 있다. 2012년 5월에 협상이 시작된 후 총 14차례의 공식협상을 거쳐 2014년 11월에 타결된 한·중 FTA가 드디어 2015년 12월 20일에 발효되었다. 향후 썬프레가 해남 고구마나 충북의 쌈 채소를 수입하는 데 한 · 중 FTA의 덕을 좀 볼 수 있지 않을까?

한국의 유통기업들이 중국에 진출할 때 아쉬운 점이 몇 가지 있다. 첫째, 진입 장벽이 낮다고 해서 브랜드의 수준을 낮춰서 서민들부터 공략을 하는 것이다. 앞서도 말했지만 그렇게 되면 프리미엄 이미지를 형성하기 어렵기 때문에 가장 막강한 소비력을 갖춘 계층에는 접근 자체가 어려워진다. 두 번째, 기업들이 이미지적으로 혜택이 많은 '한국' 브랜드의 정체성을 잘 살리지 못한다는 것이다. 세계 석학들이 한국 기업의 경쟁력을 낮게 보는 가장 큰 이유로 '브랜드 가치 부족'을 든다고 한다. 고급 브랜드일수록 소비자에게 확실한 '가치'를 주어야 하는데, 외국인들이 보기에 우리나라도, 우리 기업도 뚜렷한 이미지나 정체성이 없다는 것이다. 아마 아직 그걸 못 찾았거나, 뚝심 있게 밀고 나가지를 못하는 것이 아닐까 싶다. 지금 상하이에 진출해 있는 이마트나 롯데마트만 해도 아무리 매장을 돌아다녀 봐도 한국에서 온 마트인지, 중국에서 시작된 로컬 마트인지 알아채기가 어렵다. 한국계 슈퍼마켓인데 상권 분석이나 제품구성 면에서 한국만의 이미지를 살리지 못하고 있다. 아무리 싼 물건이라도 '한국 마트'의 엄격함으로 이미지와 맞지 않는 것은 팔지 말아야 하는데 손님들이 원한다고 다 갖춰놓고 있으니 그렇다. 그러니 하는 만큼 하는데도 영업이 고전을 면하기가 어렵다는 이야기가 나온다. 현재 롯데마트는 중국 전역에서 100곳이 넘는 매장을 운영하고 있다(2016년 초반 기준). 그중에서 장사가 잘 된다고 할 수 있는 곳은 일부에 그친다.

반면 미국의 월마트나 태국의 로터스는 아예 중국 현지화를 목표로 한 완벽한 중국식 운영으로 중국인들의 생활에 파고들었다. 이러한 방식도 당연히 배울 점이 있다. 장사꾼이라면 결론은 간단해진다. 이도 아니고 저도 아닌 모습에서 벗어나 두 가지 중 하나를 결정하면 되는 거다. '한류와 한국 마트의 정체성을 최대한 활용할 것인가? 아니면 중국인의 삶에 완벽히 녹아드는 현지화를 선택할 것인가?'

썬프레 우유, 아사히朝日 우유 옆으로! 고급 이미지 전략

9천 원짜리 우유를 파는 법

황제 마케팅 전략으로 콩나물이 성공한 후 나는 자신감이 붙었다. 그래서 추가적으로 유기농 우유를 판매하려는 두 번째 계획을 세웠다. 그러자 또 다시 주변에서 우려 섞인 목소리가 들려왔다.

"우유를 팔겠다고요? 우유는 유통기한도 짧은데 괜히 쓰레기만 되는 건 아닐까요?"

유통을 하면서 새로 알게 된 놀라운 사실이 있다. 바로 유통기한이 짧은 물건이 오히려 사업에 훨씬 유리하다는 것이다. 유통기한이 짧다는 건 소비자가 자주 구매를 하는 품목이라는 뜻이다. 그리고 매출이 짧게는 하루 단위로 일어난다는 것을 의미한다. 따라서 우유가 성공만 한다면 썬프레의 제품이 얼마나 신선한지를 알릴 수 있는 좋은 기회가 될 것이란 확신이 들었다. 우유 역시 전략은 동일했다. 콩나물과 동일하게 포장지에 밀짚모자를 눌러 쓴 내 얼굴을 넣어 디자인하고 한글로 '유기농 우유'라고 눈에 확 띄게 써 넣었다. 한국인이 만든 프리미엄 우유의 이미지를 노린 것이었다. 가격 역시 고가정책을 굳히기 위해 중국 내의 일반 우유보다 2, 3배 더 비싼 한화로 약 9천 원 정도를 책정했다.

"일반적으로 우유의 유통기한은 6일이지만 우리는 배송을 하루에 한 번, 또는 이틀에 한 번씩 가겠습니다. 유통기한이 남아 있어도 매일 또는 이틀에 한 번 신선한 것으로 바꿔드리겠습니다."

마트 측에는 이렇게 파격적인 제안을 했다. 사실 그 제안은 마트에 도움이 되라고 한 것이 아니라 우리의 재고 부담을 줄이기 위한 것이었다. 매일이나 이틀에 한 번씩 배송을 가면 재고의 양을 수시로 체크할 수 있다. 썬프레에서는 우유도 OEM 생산을 하기 때문에 유통기한이 짧다는 우유 판매의 단점을 극복하기 위해서는 매

매장에 가지런히 정돈된 썬프레 우유. 고급 브랜드라는 이미지를 갖기 위해서는 품질 유지는 물론 매장 진열까지 모든 것에 신경을 써야 한다.

일 매일 주문량을 다르게 하는 것이 최선이었다. 판매가 부진해서 재고가 많이 남는 것 같으면 다음 번 납품 수량을 적게 하고, 장사가 잘 되는 것 같으면 제품을 더 많이 갖다 놓는 식이었다. 제품이 다 팔렸으면 추가로 제품을 주문해서 바로 더 갖다 놓을 수도 있었다. 남들이 다 약점이라고 생각하는 것도 잘 활용하면 나만의 강점이 될 수 있다는 것을 우유에서 배웠다.

그러나 콩나물처럼 우유도 날개 돋친 듯 팔려나갈 거라는 예상과 달리 우유 판매는 조짐이 더뎠다.

'이상하다. 왜 잘 팔리지 않지?'

이유를 찾기 위해 유제품 코너에 온종일 서 있어 보았다. 다 비슷비슷해 보이는 제품 사이에 새로운 제품이 있어도 사람들은 눈길을 잘 주지 않았다. 그때 순간적으로 아이디어 하나가 뇌리를 스쳐 지나갔다. 중국 내에서 고급 우유로 통하는 일본의 '아사히朝日 우유'나 '메이지明治우유' 바로 옆으로 썬프레 우유를 슬쩍 당겨서 진열해 놓는 것이었다. 고급 우유의 바로 옆이라면 손님들이 한 번은 눈길을 줄 거라 생각했다. 그러면 자연스럽게 썬프레 우유와 그 고급 우유들을 동일한 수준의 상품으로 받아들일 것이다. 또 우유 포장지에서 썬프레 로고를 한 번이라도 본 손님이 콩나물 코너에 들르게 되면 '아, 이 브랜드는 고급 품질만 만드나 보다'라고 생각하게 될 것이다. 예상은 다시 한 번 맞아 떨어졌다.

현재 썬프레 우유는 매장 한 곳에서만 월 1천만 원이 넘게 팔리고 있다. 여전히 배송은 하루나 이틀에 한 번씩 간다. 배송을 갈 때마다 수량 파악뿐만 아니라 위치 하나라도 제품이 더 잘 보이도록 신경을 쓴다. 자주 매장에 나가면 관리도 꼼꼼하게 할 수 있다. 사소한 것 같지만 제품에 먼지가 묻어 있거나 제품이 가지런히 정돈되어 있지 않으면 브랜드 이미지도 영향을 받는다. 부지런한 새가 벌레를 잡는다는 말이 있다. 아니, 부지런한 새가 벌레를 많이 잡을 수 있는 법이다.

중국의 뿌리는 '인본주의', 사람이 중심인 평등한 사회라는 것을 제대로 알자

어느 날 공자와 그의 애제자인 자로가 백성을 다스리는 방법에 대해 대화를 나누었다. 먼저 자로가 이렇게 물었다.

"선생님, 권력이란 무엇입니까?"

"자로야, 권력이란 마치 야생에서 날뛰는 야생마의 목에 썩은 동아 밧줄을 걸어서 끌고 가는 것과 같은 것이다. 그러니 썩은 밧줄이 언제 끊어질까, 조심스럽게 말을 말뚝에 매어놓듯이 해야 한다."

이에 자로가 기가 막힌 듯 다시 묻는다.

"아니, 선생님! 황제가 백성을 그렇게 무서워해서 어떻게 정치를 할 수 있겠습니까?"

그러자 공자가 자로를 꾸짖으며 말했다.

"이놈아, 만약 네가 기르는 애완동물을 인의예지신仁義禮智信에 입각해서 대우해 주지 않으면 동물이 거꾸로 맹수가 돼서 널 무는 법이다. 이를 어찌 두려워하지 않고 이끌겠는가?"

공자 사상의 정체는 '인본주의'다. 인간과 인생을 제대로 알고 대하는 것, 그리고 단순히 개별적인 인간에 머무는 것이 아니라 인간 사이에 바람직한 관계를 이루어 나가는 것, 그러기 위해 가장 먼저 자신이 참다운 인간이 되고 그를 바탕으로 사회의 모습, 국가의 개념까지 생각하는 것이 바로 공자의 인본주의다. 그래서 공자 사상은 동양 인문학의 진정한 출발이라 생각한다.

2,500여 년 전 한반도에는 약 만 명이 채 안 되는 사람이 살았지만, 중국은 이미 그 당시에 공자와 맹자를 통해 인본주의를 확립하고 그를 바탕으로 '국가'와 '국민'의 개념을 만들었으며, 국가의 법 체계를 만들어냈다.

공자는 '정명正名사상'을 통해 이 개념들을 명쾌하게 가르쳐 주고 있다. 군주는 군주답고 신하는 신하다우며 어버이는 어버이답고 아들은 아들답게, 사회 구성원 각자가 자신의 사회적 신분과 지위에 따라 맡은 바 직분을 충실히 하면 그것이 사회요, 국가라는 것이다. 또한 사회 질서는 강제력보다는 도덕으로 교화함으로써 바로 세울 수 있다고 보고 통치자인 군주는 인격을 갖추고 백성을 다스릴 것을 강조했다. 맹자는 이에 한 걸음 더 나아가 '왕이 왕답지 않으면 왕으로 인정하지 않아도 된다'고 하는 '역성혁명론'을 주장했다. 당시 중국은 세습에 의하여 군주의 지위가 유지되면서 군주는 천명을 받았다고 믿어져 왔다. 그런데 맹자는 인본주의를 바탕으로 천명은 백성들로부터 나온다고 했으니, 땅이 뒤집어질 주장을 한 것이다. 군주는 무릇 덕德을 갖추어야 군주다운 법. 군주답지 못한 군주는 백성들이 거부할 수 있으며 다른 덕德 있는 자가 무력으로써 구축할 수 있는 것이다. 따라서 역성혁명은 민의에 의해 천명이 변경되는 것이다. 즉 '혁명'에 의해서 군주가 교체되고 왕조의 성姓씨가 바뀌는 것을 가리킨다.

맹자는 국가의 운영을 위해서 걷는 세금을 보면 통치자가 국가를 제대로 다스리는지 아닌지를 알 수 있다고 이미 기원전 300년 전에 말했다. 세금은 얼마나 걷느냐에 따라 착취가 되기도 하고, 공평 정대한 것이 되기도 하며, 세금을 어떻게 걷느냐에 따라 통치자가 탐관오리가 되기도 하고 청백리淸白吏가 되기도 한다는 것이다.

그건 지금도 마찬가지 아닐까? 그러면서 맹자는 세금이 무엇인지, '세금'에 대한 정의까지 내려놓았다. 세금은 백성이 열 명이거나 백 명이거나 백만 명이거나 일억이거나 관계없이 내가 벌어서 내 그릇을 채우고 담은 후 넘치는 부분, 즉 나머지 부분을 나라에 내는 것이라는 거다. 물론 사람마다 그릇의 크기가 다르고 담을 수 있는 양도 다르다. 내가 벌어서 먹고 남는 부분을 세금으로 걷는 것이지, 내 그릇도 다 채우지 못했는데 탐관오리가 와서 그릇 안에 있는 것을 떠가서는 안 된다는 것이다. '백성을 먼저 잘 살게 한 다음에 세금을 걷어라.'

이것이 바로 사람을 근본으로 하는 인본주의가 생각하는 세금이고, 국가 운영이 아닐까?

저 멀리 2천 년 전 이야기를 하는 이유는 정치 제도와 이념을 떠나서 '국민을 무섭게 생각하는 것', 즉 인본주의가 바로 중국 정치의 진짜 모습이기 때문이다. 중국을 어설프게 경험해본 한국인들이 돌아가서 가장 많이 하는 이야기 중의 하나가, 중국은 '만만디慢慢的' 문화여서 그런지 비행기의 연착이 일상다반사고 그걸 또 아무렇지 않게 생각한다는 것이다. 사실 그것은 만만디 성향 때문이 아니다.

중국은 아무리 큰 국제공항이라고 해도 공항이 국제선 위주가 아니라 국내선 위주로 운영이 된다. 워낙 국토 면적이 넓다 보니 국내선이 굉장히 잘 발달되어 있다. 국제선 구역에 비해 국내선 구역이 몇십 배는 된다. 이착륙도 국제선이 아니라 무조건 자국 국민들이 타고 있는 국내선 위주로 배려를 하다 보니 국제선 비행기를 타고 있는 외국인들은 대기하는 시간이 자연스레 길어지는 것이다. 자국 항공인 동방항공도 국제선과 국내선의 서비스 수준 차이가 엄청나다. 국제선 라운지는 옷을 갈아입을 곳도 없지만 국내선 라운지는 그런 시설은 물론이고 비즈니스맨들의 피로를 풀어주는 안마 시설, 조용히 독서를 할 수 있는 개인 룸까지 그 시설이나 서비스가 잘 갖춰져 있다. 라운지 하나에서도 차이가 날 정도로 중국은 철저하게 내국인을 위한 나라다.

미국에서도 인본주의, 즉 휴머니즘을 내세운다. 그러나 각각의 '나'를 중심으로 하는 미국의 휴머니즘과 달리 중국의 휴머니즘이 다른 점은 '모두가 평등하게'라는 것이 기본 전제다. 미국은 LA만 가더라도 밤 8시, 9시만 되면 누가 나가지 말라고 하지 않아도 사람들이 함부로 밖에 나가지 않는다. 밤에 다니는 자체가 공포이기 때문이다. 밤거리가 안전하지 않은 사회는 이미 사회 계층의 피라미드가 심각하게 변형되었다는 증거이고, 계층 간의 이동이 자유롭지 못하다는 반증이고, 그래서 사회가 썩을 대로 썩었다는 진단을 내릴 수밖에 없는 상황이다. 이와 달리 중국은 지금도, 앞으로도 밤거리가 안전할 것이라는 게 저자의 생각이다. 역사에 기록된 국가 운영만 3천 년을 해온 나라의 내공이란 결코 쉽게 볼 게 아니다. 현실이 이런데도 사람들은 여전히 '팍스 차이나Pax China'가 올지에 대해 망설이는 것 같다. 그것은 의심해야 하는 미래가 아니라 필연으로 올 미래다. 단숨에 G2 국가까지 올라왔는데 중국이 G1 국가가 되는 건 결국 시간이 얼마나 걸리느냐의 문제일 뿐이다.

Chapter 3.

장사의 정석

제품을 팔지 말고 브랜드를 팔아라, '썬프레' 브랜드의 중요성

잘 키운 브랜드의 힘

20년 전, 노르웨이에서 '미스터 리Mr.Lee 누들'로 통하는 이철호 씨를 만난 적이 있다. 한국식 라면을 노르웨이 사람들의 입맛에 맞게 변형하고 자기 브랜드인 '미스터 리Mr.Lee'를 붙여 팔아 큰 성공을 거둔 정말 대단한 사람이다. 본인의 얼굴을 형상화한 캐릭터를 포장지에 그리고 한글로 '소고기맛', '닭고기맛' 등을 적어 독특한 방식으로 브랜드 인지도를 높였다. 이 브랜드는 노르웨이의 라면 시장을 95%나 차지하는 기염을 토했다. '라면'이라는 말이 '미스터 리'와 동일어로 쓰일 정도라고 한다. 지금은 우리나라 세븐일레븐에도 '김치 쌀라면'과 '짜장면'으로 역수입되어 한국인의 입맛까지 공략하고 있다. 당시 무역회사에 근무하던 나에게 단순히 물건을 파는 것에 그치는 것이 아니라 브랜드로 키우면 더욱 안정적이고 규모 있는 사업을 할 수 있다는 깨달음은 너무도 신선하게 다가왔다.

'지금 나는 다른 사람이 만든 물건을 파는 중간상인 정도에 지나지 않는다. 그러나 훗날에는 나 자신의 브랜드를 만들자. 브랜드의 힘은 엄청난 자산이자 강력한 경쟁 무기가 될 것이다.'

어린 마음에 자신도 모르게 그런 결심을 했던 기억이 어렴풋이 난다. 그런데 청주에서 첫 사업을 할 때는 경험이 부족해서였는지 여유가 없었던 것인지 그 생각이 전혀 나지 않았다. 그저 당장 눈 앞에 펼쳐진 사업을 해나가는 데만 급급했다. 그런데 사업이 망하고 나서 다시 곰곰이 원점으로 돌아가 보니 '나 자신의 브랜드를 만들어 힘을 키우겠다'고 했던 결심이 불현듯 떠올랐다. 그래서 썬프레 콩나물을 출시할 때 포장지에 밀짚모자를 쓴 내 얼굴 사진을 넣고 한글을 적어 넣었다.

콩나물 하나로 시작한 '썬프레'는 현재 상하이에만 1,000여 개의 마트에서 판매되는 프리미엄 채소 브랜드로 자리를 잡았다.

고급 마트의 선구자격인 씨티숍CITYSHOP에 입점해 판매고를 올리자 씨티숍과 경쟁 구도에 있는 다른 고급 마트와 대형 슈퍼마켓에서 먼저 우리를 찾아왔다.

"입점료는 내지 않으셔도 됩니다. 아예 썬프레 우유까지 같이 입점하는 게 어떻겠습니까?"

그야말로 파격적인 제안이었다. 고급 마트뿐만이 아니었다. 고급 마트에서 잘 팔리는 고급 제품이라는 소문이 나자 태국 자본이 만든 중가형 마트인 로터스Lotus나 미국의 코스트코COSTCO같은 창고형 마트, 대형 할인매장인 샘스클럽Sam's Club에서도 잇달아 입점 요청이 들어왔다. 그들도 마찬가지로 먼저 무료입점 조건을 제시했다. 우리가 먼저 찾아갔으면 당연히 입점비를 내야 했을 것이다. 이 모두가 '씨티숍'이라는 브랜드 파워 있는 마트에 먼저 입점한 덕이었다. 이런 일이 반복되자 따로 영업사원을 둘 필요도 없었다. 요청이 들어올 때마다 상담은 대표인 내가 직접 진행했다. 대표가 직접 협상 테이블에 앉으니 상대방 측은 기분이 좋았고, 무엇보다 결정을 내리는 속도가 빨라졌다. 현재 썬프레는 상하이 외에도 현재 중국 내 약 8개 성 1만여 곳의 마트와 슈퍼마켓에 콩나물과 우유를 공급하는 결실을 맺었다. 그리고 더 큰 꿈을 꿀 수 있게 됐다. 우리의 꿈은 5년 이내에 중국의 32개 성, 50만여 곳 점포에 100여 가지 품목의 제품을 공급해 판매하는 것이다.

"사장님, 상하이 마트에 콩나물은 썬프레밖에 없나요?"

썬프레 상하이 본사를 참관하러 온 한국 분들이 가장 많이 하는 질문이다. 한국에서는 어느 마트를 가더라도 콩나물 브랜드가 여러 개 있다. 그런데 상하이의 고급 슈퍼에서는 썬프레 콩나물만 독보적으로 보이고 여간해서 다른 브랜드는 찾아볼 수가 없으니 이상하게 여길 만하다. 그 질문에 대한 나의 대답은 한결같다.

"온라인이나 홈쇼핑에 진출하지 않고 프리미엄 브랜드 이미지를 꾸준히 지키고 있기 때문에 독보적으로 사랑을 받고 있는 것 같습니다."

사실 놀랄 것은 콩나물만이 아니다. 하루는 천진天津에 있는 천진 신비유제품판매회사新飞乳业에서 연락이 왔다.

"저희 회사에서 썬프레의 브랜드로 우유를 생산해 중국 전역으로 가정 배송을 하고 싶습니다. 우유 한 병 당 1위안씩 로열티를

드리겠습니다.”

솔깃한 유혹도 신중하게

신비유업은 매일 중국 전역에 우유를 배송해서 연간 1조8천억 원의 매출을 올리고 있는 중국 최대의 유제품 판매기업이다. 그런 곳에서 썬프레에 브랜드 로열티를 내겠다고 제안을 한 것이다. 우유는 완다산 공장에서 썬프레 브랜드 로고가 박힌 패키지에 담겨 생산되고, 제품 생산부터 배송까지 천진 신비유제품판매회사에서 다 책임을 진다. 경쟁 회사에서 왜 굳이 썬프레 우유를 만들어서 배송을 한다고 하는 것일까? 현재 그들이 생산한 우유는 한 병에 4.20위안 정도에 판매되고 있다. 썬프레는 일본이나 유럽, 미국의 수입 우유보다는 조금 싸지만 일반 중국 우유보다는 2배 넘게 비싼 10위안에 팔리고 있다. 중국 회사 입장에서는 고급 제품이면서 또 너무 무턱대고 비싸지 않은 썬프레 브랜드야말로 품질에 맞는 값을 받을 좋은 기회다. 추가적으로 자체 브랜드를 개발하는 대신 로열티를 지불하는 것이 훨씬 경제적인 것은 두말할 필요도 없다. 이런 식으로 썬프레는 중국 대기업과 협력관계를 맺고 상하이 시에서만 아침마다 200밀리리터짜리 우유를 2만 가구에 배송할 수 있는 배송망을 확보했다. 톈진과 쓰촨성四川省 청두成都에서 썬프레 우유와 요거트를 매일 배송받는 가구는 5만이 넘는다.

브랜드는 잘 지켜가면 미래에 분명히 큰 자산이 된다. 그러나 그것을 위해 사업 초기부터 여러 유혹을 이겨내기란 결코 쉬운 일이 아니다. 당장 오늘 제품 몇 개가 팔렸는지를 걱정해야 하는 상황이면 더더욱 그렇다. 썬프레도 사업 초기에 상하이의 르네상스 호텔에서 귀가 솔깃한 제안을 하나 받았다. 르네상스 호텔은 상하이에서 5성급 호텔만 35개를 운영하고 있는 메리어트 그룹 산하의 고급 호텔이다. 이곳에서 호텔 레스토랑에 납품되는 유기농 식자재를 전부 공급해 달라는 것이었다. 단순하게만 보면 사업이 단기간에 클 수 있는 좋은 기회였다. 그러나 결국은 싸게 사서 비싸게 팔려는 음식점의 속성은 호텔이나 일반 음식점이나 매한가지라는 생각이 들었다.

'호텔이니 식재료 공급에도 매우 까다롭게 굴 것이다. 그만큼 손이 많이 가고 신경 쓸 일이 많을 것이다. 반면 가격은 제대로 받기 어려울 테니 우리의 브랜드에 크게 도움이 되지는 않을 것이다.'

당장 큰 거래처가 생긴다는 데 기뻐하기는커녕 망설이는 나를 일부 직원들은 이해하지 못했다. 그러나 대표인 나는 방향을 제대로 잡아야 했다. 결국 고심 끝에 '우리 브랜드의 품질과 가치를 제대로 인정받고 성장시키기에 좋은 기회는 아니다'라는 결론을 내렸다. 외향적으로는 고급스러워 보이는 새 거래처가 아쉽지 않은 것은 아니었다. 그러나 우리의 브랜드 파워를 제대로 만들어가기 위해서는 때로는 조용히 기다리는 시간도 필요하다는 쪽으로 직원들과 의견을 모았다. 우리의 브랜드를 만들고 그 브랜드가 충실한 과실을 맺어 사랑받는 나무로 성장하기까지는 아이를 키우는 것과 같은 인내의 시간이 필요하기 때문이다.

마누라와 자식만 빼고 다 바꿔라!
새로운 패러다임을 읽어야 산다

'아메리카 드림'과는 다른 '차이나 드림'

10년 전만 해도 중국에서는 외국인이 사업을 하기 위해서는 중국인의 명의를 차용해야 사업체를 설립할 수 있었다. 이름하여 '내자 법인'이라고 부르는 제도다. 외국인 명의 그대로 사업체 등록을 하는 외자 법인은 세무나 노동 관련 문제 등에서 내자 법인보다 엄격한 행정관리를 받기 때문에 비교적 쉽게 운영이 가능한 내자 법인이 선호되었던 것이다. 그러나 내자 법인을 설립할 경우 실제 투자자의 권익은 법적인 보호를 받지 못하기 때문에 외자이던, 내자이던 외국인이 중국에서 법인을 설립하기는 사실상 쉽지가 않았다.

썬프레의 전신인 '청상식품 유한공사'만 해도 법인 대표는 나의 조선족 친구인 '안계숙' 씨의 이름으로 등록이 돼 있었다. 그런데 10년 만에 상황이 완전히 달라졌다. 시대의 요청에 민감하게 반응하며 엄청난 속도로 변하고 있는 중국 정부가 사업체 설립 요건을 완화해 이제는 외국인도 중국에서 얼마든지 사업체를 만들 수 있게 된 것이다. 다시 말해 이제는 한국인이 중국에서 충분히 성공을 할 수 있는 시대가 됐다. 일본에서는 이미 신격호 회장이나 손정희 회장처럼 한국인이 재벌을 이룬 사례가 나왔다. 그러나 이민의 역사가 일본과 비슷한 미국에서는 지금까지도 한국인이 재벌이 된 경우는 단 하나도 없다.

이것이 무엇을 의미할까. 마찬가지로 한국인이 미국으로 가는 것과 중국으로 가는 것도 앞으로 그 결과가 판이하게 다를 것이라는 것을 말해준다. 누군가 다른 나라로 이민을 가거나 새롭게 진출을 할 때 가장 접근하기 쉬운 직종이 있다. 바로 그 나라 사람들이 하고 싶어 하지 않는 일을 하는 것. 더러운 옷을 세탁해 주고 녹슨 수도관을 고치고 남이 먹던 그릇을 닦으면 된다. 그 나라 사람들이 잘 하지 않는 일이기 때문에 생김새와 언어가 낯선 사람들에게도 기회가 있고, 비집고 들어갈 틈이 있는 것이다. 이것이 한국인이나 아시아인이 미국으로 이민을 가서 터를 잡는 당연한 수순이었다. 그래서 한국의 주류 사회에서 멀쩡하게 대학을 졸업하고, 대기업을 다니며 비싼 연봉을 받았던 사람들도 미국에 가면 접시를 닦고 세탁소와 미용실을 운영했다.

그렇게 힘들게 겪어낸 '아메리카 드림'으로 이민 2세 자녀들을 부족함 없이 교육시키고 수영장 딸린 집에서 사는 것 정도는 가능했다. 그렇다고 그 사람이, 그리고 그 자녀가 미국의 주류 사회의 일원이 될 수 있을까? 한국인들이 미국으로 이민을 가기 시작한 지 130년이 넘었지만, 미국에서 한국인이 설립한 대기업이나 엄청난 부자가 나왔다는 소식은 아직 들어본 적이 없다. 그것이 바로 피부색과 언어가 다른 데에서 오는 한계다. 그리고 눈에 보이지 않지만 넘을 수 없는 진입 장벽이 엄연히 존재한다는 뜻이다.

중국으로 건너가는 것은 상황이 다르다. 중국에서는 한국인 재벌, 한국 대기업이 얼마든지 나올 수 있다. 우선 중국인과 우리는 피부색이나 생긴 모양에서 이질감이 전혀 없다. 가만히 서 있으면 한국인인지, 중국인인지 외모로는 전혀 구별이 안 될 정도다. 주요 도시끼리도 2, 3시간이면 닿을 정도로 가깝다. 게다가 우리를 잘 모르거나 깔보고 무시하는 것이 아니라 우리가 좋다고 찾아오고 자꾸 우리에 대해 물어보고 우리의 것을 사가고 있다. 단, 중국은 미국과는 달리 처음에 진입할 때에는 적응이 무척 어렵다. 인구가 워낙 많다 보니 인건비가 우리보다 싸다. 때문에 한국 사람들이 비집고 들어가서 할 일이 그다지 없다. 중국인들과 인건비로 싸움을 해서는 이길 수가 없다. 그래서 미국에는 개인이 이민을 가는 형태였다면, 중국은 개인보다 기업이 진출하는 것이 유리하다. 이미 오리온이나 이랜드, 파리바게뜨, 아모레퍼시픽, 락앤락 등 많은 기업들이 성공의 역사를 써 나가고 있지 않은가? 130년 미국의 한인 이민 역사에서는 유례가 없었던 한인 기업의 성공이 20여 년 된 중국의 이민 역사에서는 벌써 많이들 나오고 있다.

그래서 차이나 드림은 더더욱 장기적으로 접근이 필요하다고 생각한다. 당장 한 세대가 먹고 살기 위해 건너가는 것이 아니라 차세대들이 많이들 유학을 와서 중국을 뼛속까지 느끼고 배우면 좋겠다. 그런데 정말 중국이 펼쳐갈 미래를 기대하고 그 안에서 자신의 비전을 찾기 위해 고민하며 유학을 오는 아이들은 전체의 10% 정도밖에 안 되는 것 같다. 아쉬운 일이 아닐 수 없다. 50% 정도는 한국에서 치열한 입시 전쟁을 치르기가 두렵지만 미국에 가기는 힘든 아이들이 최후의 선택으로 오는 것 같고, 나머지 40% 정도는 그저 한국과 가깝다는 이유만으로 중국을 선택하는 것 같다. 그러다 보니 유학을 오는 아이들의 전반적인 수준도 미국이나 유럽과 비교하면 현격히 떨어지는 것이 사실이다.

일단 상하이나 심천에 유학을 오거나 아이를 유학 보내는 사람들은 생각을 잘 한 것이다. 최고의 도시에서 가장 역동적인 중국의 모습을 볼 수 있기 때문이다. 상하이의 국제학교 학비는 미국 서부 도시와 수준이 거의 비슷하다. 하루가 다르게 변해가고 있는 중국, 우리는 하루라도 빨리 중국의 가능성과 비전에 대한 확신을 가지고 그나마 사자의 속도를 따라붙을 수 있을 때 그 등에 올라타 그 속도를 함께 즐겨야 한다.

변화의 중심, 상하이

칭기즈칸이 세계를 정복할 수 있었던 것은 강해서가 아니라 빠르게 변했기 때문이라는 말이 생각난다. 그래서 이건희 회장은 '혁신'을 말하면서 "마누라와 자식 빼고 다 바꾸라!"고 강하게 이야기했다. 시간의 흐름이나 변화가 잘 느껴지지 않는다는 분들에게 내가 하는 이야기가 있다. "딱 일주일만 상하이에 와서 살아 보세요. 매일매일 그 차이가 느껴질 거예요. 이곳은 얼마나 빨리 변하고 있는지 모릅니다." 솔직히 일주일도 필요 없다. 상하이 시내를 반

나절만 돌아다녀 보면 중국이 얼마나 빠르게 변화하고 있는지 바로 체감이 된다. 몇 년 전만 해도 상하이의 휴대전화 매장은 아이폰과 갤럭시 광고로 양분화돼 있었다. 그런데 지금은 매장에 화웨이Huawei와 샤오미小米가 가장 많이 보인다. 이제 중국인들이 이 두 중국 회사의 스마트폰을 더 많이 들고 다닌다는 뜻이다. 스마트폰의 원천기술을 가지고 있는 애플사의 아이폰을 따라가기는 힘들다고 해도 앞으로 세계 스마트폰 시장이 마이크로소프트사의 소프트웨어 부문과 노키아까지 집어 삼킨 화웨이를 중심으로 재편되지 않을까 하는 것이 나의 짧은 소견이다. 그도 그럴 것이 화웨이는 이미 글로벌 중저가폰 시장을 휩쓸며 LG를 제치고 세계 3위의 스마트폰 제조사로 부상했다. 중국 스마트폰 시장에서 1위를 달리던 삼성은 이미 5위로 밀려난 지 오래다. 2015년 중국에서 단일 국가로는 처음으로 스마트폰이 1억대 이상 판매되었다는 기사를 보고 그 규모에 다시 한 번 혀를 내둘렀다. 그 중에서도 가장 스마트폰을 많이 판매한 기업이 화웨이였다. 그 뒤를 '좁쌀'이라는 뜻을 가진 중국의 IT 업체인 샤오미, 그리고 애플이 잇고 있었다. 샤오미 역시 앞서 말한 대로 본사에서는 연구개발R&D과 제품기획, 디자인에 집중하고 제조는 모두 아웃소싱으로 해결하는 '무공장 제조기업'의 대표 사례이기도 하다.

화웨이와 샤오미는 아무 것도 아니다. 한국 기업을 따라잡기 위해 끊임없이 진화에 진화를 거듭하고 있는 회사들이 얼마나 더 많을지 우리는 상상조차 하기 어렵다. 더군다나 한·중 FTA가 이미 발효된 시점에서 우리나라의 수입 관세가 완전히 철폐되는 10년 후쯤에는 중국의 제조업 경쟁력이 한국을 추월하거나 대등한 수준으로 올라올 것이라는 전망도 있다.

이미 화웨이는 삼성에 자사의 휴대폰 기술특허를 침해했다며 소송을 제기했다. 세계시장을 향해 화웨이가 만만치 않은 회사라고 선언하기에 이른 것이다.

조선업계 또한 중국의 추격과 함께 유례를 찾기 힘든 전 세계적인 유가 급락으로 발주사의 취소가 많아 매서운 칼바람을 맞고 있는 판국이다. 대우조선소와 삼성중공업, 현대중공업이 2년 사이 10조원 안팎의 영업 손실을 내며 어닝 쇼크를 겪기도 했던 우리나라 조선업은 누적 수주량에서는 아직 세계 1위지만 수주량은 2016년 기준, 전체 시장 점유율 5%에 그치고 있다.

청년들이여, 더 늦기 전에 사자의 등에 올라 타라

우리가 빨리 변해야 하는 이유는 청년들에게 더 비전 있는 일자리, 그리고 더 많은 기회를 주기 위해서이기도 하다. 이번에 조카가 대학 졸업 후 취업난을 겪다가 컴퓨터 복구 프로그램을 개발하고 판매하는 회사에 드디어 입사를 했다고 전화를 걸어왔다. 관련 업계에서 아주 명망이 높고, 우리나라의 여러 중요 사건에서 데이터를 복구해 그 실력을 입증하기도 한 실력파 회사라고 했다.

"그래, 돈은 많이 받고 있니?"

기특한 마음에 물어봤다가 조카의 입사 첫 해 연봉을 듣고 그만 깜짝 놀라고 말았다. 매달 실제로 통장에 입금되는 급여가 상여금을 포함해 약 140만 원 정도라는 것. 약 25년 전 대농에서 퇴사할 당시 월급이 160만 원 정도였고, 대졸 신입사원의 초임이 월 80만 원 정도였다. 오른 물가를 감안하면 월급이 전혀 오르지 않았다고 봐도 무방할 정도다. 실제로 우리나라 봉급생활자들의 70%가 초임이 월 150만 원을 넘지 못한다고 한다. 나라는 잘 살게 됐는데 개인의 생활은 궁핍해지는 것, 이것은 한국이나 일본이나 상황이 크게 다르지 않은 것 같다.

1989년, 일본의 스미토모은행住友銀行이 무너졌다. 한국에서는 '은행은 절대 망하지 않는다'는 일종의 불문율이 있었던 데다가 튼실하기 그지없던 일본계 은행이 부도가 났으니 당시 일본 기업과 거래하는 부서에서 3년 차 사원으로 일하던 나는 정말 큰 충격을 받았다. 그러더니 정확히 10년 후 한국에서 IMF 사태가 터지며 은행들이 줄줄이 도산하기 시작했다. 그때 깨달았다. 눈앞에서 터지는 사건을 목격하면서도 보고 배우지 않고, 변하지 않으면 똑같은 일을 겪게 된다는 것을 말이다.

장사꾼의 촉으로서 감히 말하건대 사업의 성패는 누가 시대적 요구를 잘 찾아내고 기가 막히게 그 필요를 채워주느냐에 있다. '엔씨소프트'나 '한글과컴퓨터'가 재벌이 될 수 있었던 것도 IT 산업이 딱 뜨는 시점에서 소비자들이 필요로 하는 콘텐츠를 잘 만들었기 때문이다. 지금 우리도 방향을 정확히 잡아서 빨리 변해야 한다. 어제나 오늘이나 아침이 똑같이 시작된다고 해서 인생도 매일 똑같이 살아서는 매일 조금씩 더 죽어가는 일밖에 남는 것이 없다. 매일이 똑같이 24시간이고, 매일 일정하게 해가 뜨고 지는 것을 반복한다고 해도 우리는 매일 날마다 만나는 사람이 달라야 하고, 그에 맞춰 생각이 달라져야 하고, 그래서 매일 성장하지 않으면 안 된다.

사람은 장기판의 '졸卒'만도 못하다. 흐르는 시간을 피해 옆으로도 비킬 수 없고 오직 앞으로만 나가야 하기 때문이다.

한국의 현재와 미래를 보면 중국의 중요성이 피부에 와 닿는다. 한국이 남아메리카나 아프리카에 있는 나라였다면 중국을 통한 기회는 없었을 것이다. 그런데 우리는 인천에서 두 시간이면 상하이에 도착한다.

미국은 패권을 유지하기 위해 머리를 싸매고 있지만, 중국은 벌써 신흥 강대국으로서 중국을 중심으로 세계를 엮는 전략을 짜고 있다. 시진핑 주석은 기회가 될 때마다 '중국의 꿈'을 이야기한다. 공산당 수립 100주년이 되는 2021년까지 내적으로 먹고 살 만한 경제성장을 이루는 '소강小康 사회'를 달성하고, 중화인민공화국 건국 100주년이 되는 2049년까지 세계적인 강대국으로 부상한다는 것이다. 그 구체적인 전략으로 2013년 시진핑 주석이 카자흐스탄을 방문했을 때 처음으로 '일대일로一帶一路'를 언급했다. 중국의 중서부와 중앙아시아, 유럽을 경제적으로 잇는 '육상 실크로드 경제벨트Silk Road Economic Belt'와 중국의 남부와 동남아시아의 인도양을 연결하는 '해상 실크로드21st Century Maritime Silk Road'를 통해 하나의 벨트, 하나의 길을 만든다는 '일대일로一帶一路'는 이미 현실화되고 있다. 육상 실크로드는 신장자치구에서 시작해 칭하이성-산시성-네이멍구-동북지방 지린성-헤이룽장성까지 이어지고, 해상 실크로드는 광저우-선전-상하이-칭다오-다롄 등의 동남부 연안도시를 잇게 되는 것이다. 시주석이 그리는 그림대로 일대일로가 구축되면 중국을 중심으로 유라시아 대륙에서부터 아프리카 해양에 이르기까지 60여 개국을 포함한 거대한 경제권이 형성된다. 그렇게 되면 안정적으로 자원을 운송할 수 있고, 지역 간의 균형적인 발전을 이룰 수 있을 것이다. 중국이라는 거대한 사자의 옆에 있기 때문에 우리는 이 물결을 더 크게 느끼게 되는 것 같다. 그러나 위기와 기회는 동전의 양면처럼 붙어 있는 것 아닐까. 나는 그것을 기회로 보자고 이야기하고 싶다.

제발 '중국' 선입견을 버려라, 한국인이 보는 틀린 중국

중국의 진짜 모습

중국이나 중국인에 대해 어떻게 생각 하냐고 주변 사람들에게 물어보면 대충 몇 가지로 답이 모아진다.

'머리를 안 감고 지저분해 보인다.'
'교통 법규를 잘 지키지 않는다.'
'담배를 아무데서나 피운다, 시끄럽다, 무질서하다.'

좋은 이야기는 그다지 없고 대부분 중국이나 중국인을 비하하거나 무시하는 이야기가 태반이다. 그러면 나는 사람들에게 이야기한다.

"지금까지 당신이 중국에 대해서 들어왔던 것이나 생각했던 것은 모두 잊어버려라!"

선입견이 눈을 가리면 중국의 진짜 모습을 못 본다. 그러면 결국 당사자만 손해다.

앞서 비유로 말했지만 중국은 이제 막 잠에서 깨어나 달리기 시작한 성난 사자와 같다. 우리가 고민해야 할 것은 '어떻게 하면 그 사자의 등에 잘 올라타서 같은 속도로 함께 갈 수 있을까'이다. 대한민국은 중국의 심장부와 가깝다. 이 장점을 이용하면 우리도 크게 성장할 수 있다. 한·중 FTA까지 발효된 마당에 여전히 많은 사람들이 중국을 무시하거나 반대로 두려워하고 있다는 것이 안타깝다. 성난 사자의 등에 올라타 세계 시장에서 우리의 경쟁력을 되살릴 수 있는 기회는 지금이 적기다. 지금을 놓치면 더 이상은 없을지 모른다.

이제 중국을 정확하게 보아야 한다. 중국은 기본적으로 농업을 중심으로 하는 1차 산업 중심의 경제구조다. 경제난으로 국민들의 불만이 가중되면서 체제가 붕괴된 소련과 동구권의 공산국가들과는 상황이 다르다. 오히려 1980년대 초반부터 적극적으로 자본주의화의 길을 걸어 1960~70년대 순수 사회주의 체제를 운용하면서 생긴 경제난을 해소해 나가고 있다. 게다가 1990년대에는 경제적으로 폭발적인 성장을 이루면서 경제적인 측면에서 중국이 붕괴할 것이라는 예상은 설 자리를 잃었다. 중국붕괴론에 대항하는 것은 '중국세기론'이다. 21세기에 미국은 점차 쇠락의 길을 걷고, 반면 중국이 주도권을 잡을 것이라는 이야기다. 중국이 세계무대에 다시 등장한 이후 중국 붕괴론이든, 세기론이든 중국의 흥망은 이렇듯 엎치락뒤치락 세계적인 초미의 관심사이다. 중요한 것은 중국이라는 거대한 빌딩이 무너지면 그 바로 옆에 붙어 있는 작은 빌딩인 우리에게도 치명적인 타격이 올 수밖에 없다는 것이다. 현재 한국의 국내총생산GDP 규모는 중국의 1/8 정도이다. 그러니 중국 붕괴론이 대두될 때마다 옆집 싸움 구경하듯이 바라볼 것이 아니라 우리의 생존이 걸린 문제로 바라볼 필요가 있다. 또한 이미 중국의 '차이나 머니'가 미국마저 빨아들이고 있는 상황이다. 중국 시장에서 냉장고와 세탁기 판매 1위를 차지하면서 하이얼은 2009년에 전세계 가전 부문에서 미국 '월풀'을 누르고 세계 1위가 됐고(유로모니터 기준), 앞으로 GE 브랜드로 해외에서도 그 인지도를 높여 나가겠다는 계획이다.

무서운 속도로 뒤쫓아온 사자

그렇다면 중국의 바로 옆 나라, 우리는 어떻게 해야 할까? '중국에 와서 사기를 당했다', '중국인들은 하나도 믿을 사람이 없다'고 말하는 한국 사람들이 있다. 어딜 가나 남을 속이려는 무리는 있게 마련이다. 그런 사기꾼에게 속지 않으려면 내 안목을 키우는 수밖에 없다. 조금 늦더라도 원칙을 지키려는 노력도 필요하다. 지름길로 가기 위해 각종 편법과 속임수를 쓰다 보면 그런 사기와 속임수의 그물에 걸려들 확률이 그만큼 높아지는 거다. 사기꾼의 무리 속에서 사기꾼만 보고 간 사람들은 한국에 가면 당연히 '중국은 전부 사기꾼 집단'이라고 말할 수밖에 없다. 과거에 우리 시골에서도 서울은 '눈 뜨고 코 베어가는 곳'이라고 했던 것과 같다. 그런 말에 귀 기울일 게 아니라 새로운 패러다임 중심으로 상황을 바라보아야 한다. 그렇게 보면 안 보이던 것들이 보이고, 머리는 더 많은 것들로 채워지게 될 것이다. 중국에 진출했다가 실패하고 돌아간 한국 기업들의 공통점은 대부분 본인의 입장에만 갇혀서 중국을 바라보고 이해했다는 것이다. 이 점을 잊어서는 안 될 것이다.

"중국에서 한류 영향력이 얼마나 더 갈 것 같나요?"

이런 질문을 받을 때가 종종 있다. 그러면 나는 이렇게 대답한다.

"이소룡이나 성룡이 허무맹랑한 중국 무술로 영화를 찍어서 전 세계를 사로잡았던 때가 있습니다. 지금은 우리 콘텐츠가 더 재미있습니다. 마찬가지로 지금은 한류가 인기지만 중국인들이 더 세련되고 재미있게 만드는 순간 한류의 영향력은 사라지겠죠."

이미 중국에서도 경제적으로 상류층에 있는 사람들은 한국보다는 미국, 유럽에 관심이 더 많다. 중산층 이하, 그리고 하류층으로 갈수록 한국에 대한 환상이 커진다. 우리가 딱 그 정도 살고 있다는 뜻이겠다. 얼마 전 tvN 예능 프로그램 〈꽃보다 청춘〉, 〈삼시세끼〉 등으로 화제를 불러 일으킨 나영석PD의 인터뷰 기사를 본 적이 있다.

"중국의 방송 콘텐츠가 3년 안에 한국을 따라 잡을 거예요."

점점 속도를 내고 있는 사자의 등에 올라탈 수 있는 시간도 얼마 남지 않았다. 겁을 주려고 괜한 말을 하는 것이 아니다. 상하이에서 변화의 속도를 한번이라도 느껴본 사람이라면 고개를 끄덕일 것이다. 지금 우리가 가장 경계해야 할 것은 수많은 서방 언론의 시각이나 기존에 중국에 와서 실패를 하고 돌아간 사람들의 '성급한 일반화의 오류'라고 생각한다. 중국은 빠른 속도로 우리를 따라잡고 있다. 아니 이미 한국을 따라잡았다고 생각한다.

이제라도 중국에 대한 어설픈 색안경을 벗어버려야 이전보다 훨씬 객관적이고 정확하게 중국을 판단하고 준비할 수 있을 것이다.

기다려라, 유연하라!
기다림과 긍정의 경제학

중국인이 약속을 안 지키고, 머리를 안 감는 게 우리에게는 기회다

오전 9시, 한 중국업체와 미팅이 잡혀 있는 날이었다. 나는 약속 시간 10분 전에 도착해 회의실에 먼저 자리를 잡고 앉아 자료를 검토하고 있었다. 어느 새 약속한 9시가 지나고, 그 뒤로도 20여 분이 지났다. 상대 측 담당자는 나타날 기미가 보이지 않았다. 몇 번이나 전화를 걸어 보았지만 받지를 않았다.

'무슨 일이 생겼나? 한 번 더 전화를 해 봐야 하나?'

괜스레 전화기만 들었다가 내려놓았다. 어쩔 수 없이 10시까지 기다려보기로 했다. 드디어 9시 40분이 되었을 때 상대방이 회의실로 걸어오는 게 보였다. 아직 약속 시간에 대한 개념이 부족한 중국인들이 있는데 그 사람이 딱 그랬다. 그대로 나는 불쾌함을 드러내지 않는다.

'9시 30분이 돼도 안 나온다, 이거지?'

보통의 한국 사람이라면 화가 나고도 남았을 것이다. 그러나 장사꾼이라면, 특히나 중국 사람을 상대하려는 장사꾼이라면 그런 상황에서 화가 날 것이 아니라 오히려 기분이 좋아져야 한다.

'그래, 기왕 늦는 거 좀 더 늦게 나와라. 그러면 미안해서라도 요구 조건을 강하게 말하지 못할 테지.'

장사꾼이라면 이렇게 생각하는 것이 맞다. 약속 시간에 잘 맞춰서 온 데다 30분 넘게 기다려준 사람이 더 유리한 입장이 되는 것은 두말할 필요가 없으니까. '중국인은 약속을 잘 안 지킨다니까' 하면서 기분 나쁘게 보거나 험담을 할 필요가 없다. 그걸 미끼로 내가 원하는 걸 더 쉽게 얻어내면 되는 것이다.

비록 중국에 빈털터리로 왔지만 10년 만에 사업다운 사업을 꿈꿀 수 있는 데에는 나 자신이 먼저 중국과 중국인들을 선입견 없이, 긍정적으로 바라보려고 노력한 것이 큰 영향을 미쳤다고 생각한다. 누구나 다른 나라에서 기반을 잡으려 할 때에는 행여 사기를 당하지 않을까, 이용만 당하고 본전도 못 찾는 게 아닐까 하는 걱정을 하게 마련이다. 그러다 보면 그 나라 사람들을 내가 원하는 방향에 끼워 맞추어 보게 되고, 적개심만 가지게 된다. 그러나 어차피 살아가야 하는 삶의 터전이라면 부정적으로 바라봐서는 적응이 쉽지 않다. 그 나라의 문화, 그 나라 사람들에 적응해야 한다. 로마에 가면 로마법을 따르라고 하지 않았는가. 나는 식사를 천천히, 오래 하는 것부터 적응했다. 나는 밥 먹는 시간도 아까워 늘 밥을 급하게 참 빨리 먹는다. 일이 바쁘면 끼니를 거르거나 앉은 자리에서 컵라면이나 김밥으로 대충 때우는 것도 익숙하다. 여럿이 함께 먹는 건 번거롭다고 생각했다. 그러나 중국인들과 친해지기 위해서는 한 시간이고, 두 시간이고, 긴 식사 시간에 적응해야 했다. 처음엔 쉽지 않았다.

'밥 먹을 땐 밥만 빨리 먹고 일어나지, 무슨 말들이 이렇게 많을까?'

저녁 약속이 있는 날이면 으레 스트레스가 몰려 왔다.

"그냥 설렁탕 같은 거 하나씩 시켜서 뚝딱 먹고 일어나면 딱 좋겠다…."

혼잣말을 하고 있는 나에게 어느 날 아내가 말했다.

"당신도 참, 당신하고 두 시간 동안이나 이야기를 나눠주겠다는데 뭐가 그렇게 불만이에요?"

아내의 말에 뒤통수를 세게 얻어맞은 기분이었다. 문화가 다르고, 관습이 다르고, 풍토가 다른 그들에게 내가 기꺼이 맞춰줘도 성공을 할지 말지 모르는 판국에 내가 뭐라고 마음을 꽁꽁 닫고 있었는지. 미련한 내 생각에 후회가 밀려왔다.

'이 나라 사람들은 교통질서를 잘 안 지키네', '약속 시간을 잘 안 지키네', '머리를 안 감네' 삐죽거리며 수군거려 봤자 남는 건 하나도 없다. 오히려 이런 문화를 긍정적으로 이해하려고 하고 그 안에서 남다른 장사의 전략을 도출해내는 사람이 성공한다. 중국의 공기가 깨끗해지고, 사람들이 시간 약속을 잘 지키고 중국 사회가 교통질서를 잘 지키게 된다면 우리는 더 많은 기회를 그들에게 뺏기게 될 뿐이다. 세계의 자본과 인재들이 지금보다 더 많이, 그리고 더 빨리 중국을 향할 것이기 때문이다.

유연함, 협상에서 이기는 최고의 방법

모든 일은 마음먹기에 따라 달라진다. 예를 들어 장사를 하는 사람이라면 '나는 돈을 왜 버는가?'하고 스스로에게 질문을 해보자. 장사꾼이라면 매일 스스로에게 던져야 하는 질문이다. 그 답이 '내가 잘 먹고 잘 쓰기 위해서'라고 하면 돈 버는 일이 참 각박하게 느껴질 것이다. 좀 더 잘 먹자고, 잘 쓰기 위해서 라고 하기에는 참고 버텨야 하는 순간의 고통이 너무 크기 때문이다. 그러나 이웃과 국가를 위해서 돈을 번다고 하면 어떨까? 자신이 하는 일이 한 차원 다르게 보이고 이겨내기 힘들었던 것도 극복할 수 있는 힘이 생긴다. 중국인들은 이런 식으로 사고의 전환을 유연하게, 확확 빠르게 잘 한다. 그에 비하면 우리는 사고가 굳어 있고, 획일화되어 있다는 생각이 든다. 한국인들이 유독 중국 사회에서 비즈니스를 할 때 적응하기 힘들 때가 있다. 예를 들어 한국인 A씨와 중국 협력사의 B씨가 물건 계약 건을 놓고 밀고 당기기를 하다가 끝내는 서로 섭섭한 감정이 생겨 다투고 헤어질 때가 있다. 한국 사람들의 성향으로 보면 상황에 따라 서로 영원히 안 보는 사이가 될 수 있다. '한 번 섭섭한 감정이 생기면 끝이다, 죽었다 깨어나도 다시는 거래 안 한다'라고 대쪽처럼 구는 게 한국인 특징이기 때문이다. 한국 사람들은 결론을 성급하게 내리고 일보다 자존심을 챙기는 게 더 중요할 때가 많다. 그러나 중국 사람들은 다르다. 오늘 다툰 일이 있었어도 내가 여전히 상대에게 볼 일이 남아 있으면 내일 다시 만나서 껄껄거리며 웃는다. 속이 없는 게 아니라 갈대처럼 유연해서 한 번의 감정에만 휘둘리지 않는 것이라고 해석하고 싶다. 여유는 유연함에서 나온다. 중국인과 상대할 때 그들보다 더 긍정적으로 생각하고, 여유 있게 기다릴 때 원하는 것을 얻게 되는 경우가 많았다. 그래서 '기다려라, 유연하라' 그것이 중국인과의 협상에서 이기는 첫 번째 방법이다.

거절할 수 없는 제안으로 협상의 주도권을 쥐어라

협상의 기술

우리나라 굴지의 백화점과 홈쇼핑 회사에 방문한 적이 있다. 회사 내에 마련되어 있는 카페테리아에 들어선 순간 아찔했다. 수십 개의 테이블마다 유통사 담당자에게 자기들의 제품을 홍보하고 있는 사람들로 바글바글했기 때문이다.

'정말 치열하구나!'

이렇게 치열한 경쟁 속에서 '예스YES'를 받아내기 위해서는 제품이 좋은 것은 둘째치고 협상의 기술이 좋아야 하는 것은 두말할 필요가 없다.

나는 중국에서 마트나 슈퍼마켓 관계자를 만나서 영업을 할 때 우리 제품에 굳이 '좋다'라는 말을 붙이지 않는다. 요즘 같은 세상에는 제품이 얼마나 좋은지 설명한다고 협상이 이루어지는 것이 아니다. 구체적인 숫자와 데이터를 몇 가지 보여주면 품질에 대한 신뢰는 금방 얻는다. 협상은 서로 신뢰가 쌓인 후에 본격적인 거래를 위해 서로의 조건을 맞추면서 하는 것이다.

상대방이 거부할 수 없는 조건을 제시하면 협상은 아주 빠르게 급물살을 탄다. 유통 사업의 가장 큰 고민거리는 언제나 '재고'에 대한 부담이다. 특히 채소나 과일 등의 신선제품은 반품을 하지 않는 것이 원칙이라 유통업체에서는 참 부담스러운 품목이다. 지금도 그렇지만 내가 한창 콩나물을 입점시키기 위해 뛰어다니던 때에 채소를 납품하는 업체 사람들 사이에서는 일절 반품을 받지 않는 것이 관행처럼 이루어지던 때였다.

'그래, 썬프레는 무조건 재고 반품을 받아주겠다고 하자!'

이 정도는 제안을 해야 마트 측에서 굳이 신규 브랜드를 받아줄 명분이 생기는 것이다. 그리고 입점 후에도 재고 건으로 서로 얼굴을 붉힐 일이 없을 터였다. 거기에 덧붙여 나는 담당자들이 더 놀랄 제안을 했다.

"남는 제품은 꼭 다 반품을 받겠습니다. 거기다 우리 채소는 유통기한이 6일이지만 제품을 매일, 또는 이틀에 한 번 신선한 것으로 바꿔드리겠습니다."

이쯤 되면 마트 측에서는 이 제안을 받아들이지 않을 수가 없다. 그러면 그때 내가 원하는 카드도 내밀어야 한다.

"대신 납품 수량은 제가 정하겠습니다."

이것이 썬프레가 그 어렵다는 입점 심사와 경쟁을 뚫을 수 있었던 협상의 노하우다. 그리고 여전히 이 방법은 여전히 모든 신규 협상에도 적용되고 있다.

재고를 모두 떠안는 것은 누구에게나 부담이다. 판매되는 숫자를 보면서 납품 수량을 탄력적으로 조정한다고 해도 재고는 쌓일 수밖에 없다. 조금이라도 재고의 부담을 줄이려면 다음으로는 매일 생산되는 제품의 수량까지 탄력적으로 조정하는 수밖에 없었다. 그러려면 OEM 방식에도 한 번 더 협상의 묘수를 부려야 한다는 것. OEM 공장에서 거절할 수 없는 제안은 과연 무엇일까?

주문자 부착 생산방식에서 가장 중요한 것은 패키지(포장재)를 누가 만들 것인가이다. OEM 공장 입장에서는 포장재까지 제작하는 것이 부담스러울 수밖에 없다. 한 기업의 특정 포장재를 대량으로 만들어 놓았다가 거래가 끊기기라도 하면 사용이 불가능해 다 손해로 남기 때문이다.

'그래, 이번에 사용할, 거절할 수 없는 제안은 패키지다!'

나는 콩나물이나 우유를 생산하는 유명 공장들을 섭외할 때 이렇게 세 가지를 조건을 내세웠다.

첫째, 콩나물 포장재와 우유병은 썬프레가 만들어 공급한다.
둘째, 주문과 동시에 현금으로 결제한다.
셋째, 대신 주문 물량은 그때 그때 썬프레가 정한다.

이 조건이라면 공장에서는 따로 콩나물 봉지나 우유병을 만들 필요가 없다. 자기들 제품을 생산하다가 시간이 되면 그대로 썬프레가 공급한 우유병을 올려놓고 주문 물량만큼만 생산해 주면 된다. 받지 않을 이유가 없는 주문이 되는 것이다. 누가 더 얻고, 누가 더 잃는 것도 없이 아주 합리적인 제안이기 때문이다. 이 정도면 백이면 백, 중국 기업은 이 협상을 받아들인다. 반면 한국 기업은 크고 유명한 쪽이 하나라도 더 가져가야 한다는 생각이 있나 보다. 여기에 자기들에게 유리한 조건이 하나 더 붙는다.

한 번은 한국에 시장 조사를 왔다가 국내 최고의 유제품 기업인 N사와 접촉을 할 기회가 있었다. 분유 파동으로 큰 혼란을 겪고 있던 중국에 한국산 고품질의 유기농 분유를 OEM 방식으로 생산해서 썬프레 브랜드를 붙여 판매할 계획으로 만남을 요청했다. 그리고 다른 중국 공장에 제안하는 것과 똑같은 내용을 제시했다. 그러나 N사는 그 자리에서 4억 원 이상의 '최소 수량'을 조건으로 내걸었다. 자사의 분유를 생산하면서 하루 생산량의 끝 무렵에 썬프레에서 제공하는 패키지에 같은 내용물을 그저 담아주기만 하는 건데, 왜 최소 수량이 필요한 건지 이해가 되지 않았다. 유통기한이 없는 소비재도 아닌데, 한 번에 4억 원 이상을 가져가라고 하면 어떤 장사꾼이 자신 있게 가져갈 수 있을까? 나는 의아함에 할 말을 잃었다. 그런데 N사와 접촉했던 또 다른 사업가는 중국에서 장사를 처음 시작하는 마당에 덥석 '최소 4억 원' 어치의 주문을 해놓고 갔다는 이야기를 들었다.

내가 살 물건의 값은 내가 정한다

협상은 양측에 서로 공평한 이익을 가져다주어야 한다. 그래야 협상 후에도 그 관계가 오래 지속된다. 어느 한쪽이라도 손해를 보는 듯한 느낌이 들면 실행 단계에서 잡음이 끊이지 않는다. 그런데 애초부터 한쪽에서 자기들만의 선을 그어놓고 시작하는 협상은 공평할 수가 없다. 그래서 나는 바로 N사와의 협상을 중단하고 미련 없이 자리를 털고 일어났다. 무리한 납품을 하지 않고 재고 관리가 가능한 수준에서 생산량을 결정하는 것, 이것이 내가 마트 사업을 진행하는 제 1원칙이기 때문이다.

협상에 있어서만큼은 나는 승부사 기질이 꽤 강한 편이다. 막무가내에 때론 당돌하기도 하다. 어쩌면 장사는 엉뚱한 돈키호테가 더 잘할 수 있는지도 모르겠다. 평범한 생각으로는 거부할 수 없는 매력을 만들어낼 수가 없기 때문이다. 상대를 평범한 것으로 '설득'하려고 하는 순간 그 어떠한 제안도 이미 상대에게는 매력을 잃는다. 장사는 설득하는 것이 아니라 거부할 수 없도록 만드는 것이기 때문이다. 우리가 파는 쪽이 아니라, 물건을 사는 쪽이 될 때에도 내가 필히 직원들에게 미리 교육하는 내용이 있다.

'절대 먼저 가격을 묻지 마라'

값도 묻지 않은 채 무턱대고 물건을 사라는 뜻이 아니다. 물건 값을 묻기 전에 자체적으로 시장 내에서 판매되고 있는 물건 값의 범위를 미리 알아놓아야 한다는 것이다. 내가 살 물건의 값을 내가 정하기 위해서다. 이것이 가능하냐고?

시장에서 가장 큰 업체를 세 군데 또는 다섯 군데 정도를 골라 가격을 알아보면 구입하려는 물건의 원가와 시장 가격의 범위를 짐작할 수 있다. 예를 들어 썬프레에서 콩나물 포장지를 인쇄하기 위해 그 기본이 되는 포장지를 구입한다고 가정하자. 그러면 상하이의 포장지 업체 중에 가장 잘 나간다는 곳들을 수소문해서 다섯 군데 정도 미리 견적을 받아놓는다. 단, 수량은 따로 제시하지 않고 기본 단가를 뽑아달라고 한다. 그런 다음 그 단가들을 비교하면 원가가 어느 정도 되는지 대충 파악이 된다. 여기서 바로 장사의 경험과 실력이 드러난다. 베테랑이라면 단가를 받자마자 원가가 바로 보인다. 만약 다섯 군데의 견적이 개당 100원에서 150원 사이에 분포한다고 치자. 최저 견적이 100원이 나왔다는 말은 원가가 80원 정도라는 것이다. 그럼 견적을 100원 이하로 제시한 업체는 없지만 나는 어떤 업체를 찾아가더라도 100원 이하로 포장지를 구입할 수 있다. 내가 원하는 단가와 수량으로 협상을 하기 때문이다.

"이 포장지의 원가가 80원이라는 것을 알고 있습니다. 보통은 100개씩 주문을 하지만 나는 1,000개를 주문할 테니 개당 90원에 주면 거래하겠습니다."

지금까지 나는 이런 방식으로 99.9% 원하는 가격에 물건을 구입해 왔다. 원가까지 언급을 한다는 건 내가 확실하게 구입을 할 사람이라는 것을 넌지시 알려주는 힌트다. 그리고 보통 장사꾼이 10%에서 20%까지 마진을 붙인다고 할 때 주문 수량이 적은 사람들에게는 20%의 마진을 붙이고, 수량이 많은 나에게는 10%만 이익을 봐도 충분하다고 결정을 해주는 것이다. 물건을 살 때도 파는 쪽에 이런 식으로 먼저 제안할 수 있는 전략이 있으면 협상의 주도권을 쥘 수 있다.

중국식 사회주의,
선입견에서 벗어나 제대로 파악하자

수레가 굴러갈 때 앞에서 끄는 힘이 강하면 뒤쪽이 약해도 원하는 방향으로 잘 굴러간다. 반대로 뒤에서 미는 힘이 앞의 힘보다 강하면 방향을 잘못 잡고 엉뚱한 곳으로 굴러갈 뿐더러 심하면 뒤집혀 버리고 만다. 중국이 무서운 속도로 성장할 수 있었던 것도 앞에서 끌어주는 강한 힘, 훌륭한 리더들이 있었기 때문이다.

공산당 집권 체제를 이토록 오랫동안 유지하고 있는 나라는 전 세계에서 중국이 유일하다. 1949년 중화인민공화국을 건국한 이래 67년 간 중국 공산당이 중국 대륙을 무난히 경영할 수 있는 데에는 남다른 지도자 양성 제도의 영향이 큰 것 같다.

먼저 그들에게는 일명 '벼락출세'란 것이 없다. 어렸을 때부터 이미 쓸 만한 재목을 골라내고, 성장하는 과정에서 철저하게 인재로 키워내기 때문이다. 초등학교에 입학하면서 학생들은 전원 공산주의청년당(공청단)에 가입을 하게 되는데, 네거티브 시스템에 의해 학년이 올라갈 때마다 탈락자가 가려지게 된다. 예를 들어 한 학년씩 올라갈 때마다 학생들로 하여금 공청단 단원으로 미흡하다고 여기는 동급생들의 명단을 이유와 함께 적어내게 해서 해당 단원이 자동 탈락하게 되는 것이다. 그런 식으로 학년이 올라갈 때마다 탈락자가 생기는 방식이 한국으로 치면 고등학교 3학년까지 계속된다. 탈락되지 않고 남은 공청단원은 대학에 들어가면서 정식으로 공산단원이 되는데, 이들은 모두 학업 성적이 뛰어나면서 다른 학생들의 모범이 될 뿐 아니라 추천인도 있어야 한다. 그렇게 선별된 대학생 신입당원은 공산당의 집중관리 대상이 되며 향후 당을 이끌 만한 재목인지 면밀히 평가받고, 대학에서도 그 능력을 인정받으면 공산당 인재풀에 들어가 당의 전체 인사를 관장하는 당중앙 조직부 산하에서 관리된다.

인재풀에 입력이 되면 중앙정부와 지방정부를 오가면서 경험을 쌓고, 실전에 강한 인재로 교육을 받는다. 이때 갖춰야 할 중요한 자질 중의 하나가 관내에서 시위가 일어나거나 주민들의 민원이 발생했을 때 얼마나 매끄럽게 처리하는가이다. 후진타오 전 주석도 1988년 티베트 당서기로 발령받은 직후 티베트 승려들이 반정부 유혈시위를 일으켰을 때, 머뭇거리지 않고 과단성 있게 계엄령을 선포하고 무장승려들을 무력으로 진압한 바 있다. 이 행동이 덩샤오핑의 눈에 들었고, 중국 최고지도자가 되는 데 결정적인 역할을 했다.

시진핑 주석도 2007년에 당시 상하이 시 당서기였던 천량위 陳良宇가 비리사건으로 낙마한 후 뒤를 이어 상하이 당서기로 취임한 뒤에 이 사건을 무난히 수습해 정치력 있는 지도자라는 평가를 받았다. 중국에서는 위기를 제대로 활용하여 기회로 만들 줄 아는 인재를 특히나 높이 평가하는 분위기이다. 중국의 공직은 중앙 부처 처장 과장이 되면 초급간부로 간주하고 중앙부처나 지방 성, 직할시 자치구 국장이나 청장을 거쳐 성장이나 중앙 부처 수장인 부장으로 승진하는 과정을 밟게 된다. 승진 과정마다 철저한 검증 과정을 거쳐 발탁이 되기 때문에 그 과정에서 비리가 생기면 바로 경력이 끝나버린다.

이렇듯 엄격하면서도 철저한 인재 양성 제도와 인사 제도를 갖춘 중국 공산당이 하루아침에 대중의 인기를 얻어 선거에서 표만 많이 얻으면 대통령이나 의회 의원이 되는 서방 국가들의 정치제도를 좋게 생각하지 않는 것은 어찌 보면 당연해 보인다. 서방이 제기하는 삼권분립이나 민주주의 제도에 대해 시큰둥한 반응을 보이는 것도 "14억 인구를 다스리는 데는 우리 나름의 방식이 가장 좋다"라는 인식이 깔려 있기 때문이다. 중국에서는 30년 이상 공직에서 탄탄하게 준비한 사람만이 지도자가 될 기회를 얻는다. 이 덕분에 중국의 지도자층은 그 어느 나라보다 지도자가 갖춰야 할 덕목과 자질을 차근차근 교육받고 엄격하게 검증받아 높은 수준의 지도력을 가지고 있다고 말할 수 있다.

1989년부터 20년이 넘게 중국의 정치와 사회 변화상을 연구해온 미국인 중국전문가 로버트 로런스 쿤Robert Lawrence Kuhn 박사는 현재 중국 고위지도자들은 능력과 지혜, 지도력 측면에서 세계적으로도 최상의 수준이라고 평하며, 이것이 바로 개혁개방 후 30년간 중국을 초고속 발전시킬 수 있었던 원동력이라고 했다. 중국이 일당체제를 유지하더라도 높은 수준의 정치적 투명성을 담보한다면 중국식 사회주의도 훌륭할 수 있다고 했다.

실제로 2012년 말, 시진핑 국가주석은 '당과 국가의 생사존망이 걸린 문제'라며 부패와의 전쟁을 선포하고 전국에 순시조를 보내 공무원의 뇌물이나 공금 횡령, 호화·사치 경조사, 예산 낭비, 업무 시간에 딴짓하는 행위까지 단속하고 있다. 시주석은 자신이 푸젠

성(福建省복건성, Fujian)에서 직접 발탁한 측근인 궁칭가이龔清 대만사무판공실 부주임을 부패 혐의로 쳐내기까지 했다. 관계와 인정보다 원리와 원칙을 더 중요시해 사사로운 정을 포기한 제갈량의 일화가 담긴 '읍참마속泣斬馬謖'처럼 부패 근절에 대한 강력한 의지를 보인 것이다.

이외에도 시주석의 정치적 라이벌인 보시라이 전 충칭 시 당서기가 무기징역을 받은 일은 너무나 유명하고 수십 명의 장·차관급 고위 관료가 쇠고랑을 찼으며, 지난 3년 간 부패로 적발된 관료가 12만 명에 이를 정도다. 재미있는 것은 미국의 투자은행인 메릴린치가 '반反부패 캠페인으로 중국이 2015년에 1,000억 달러(한화 약 106조 원) 정도의 경제적 손실을 낼 것'이라는 보고서를 낸 부분이다. 가장 직격탄을 받은 것이 명품 사치품 시장으로 고급 양주, 시계 등의 초고가 제품 구매가 현저히 줄어들었고 도박과 호텔업계의 성장도 주춤하고 있다는 내용이었다.

마오쩌둥에 의해 이뤄진 중국식 사회주의의 역사적 흐름을 살펴보면 우리가 북한을 통해 가지게 된 '사회주의'에 대한 단편적인 오해가 중국의 실상과 많이 다르다는 것을 쉽게 알 수 있다. 중국식 사회주의는 마오쩌둥에 의해 농민 중심의 혁명을 기반에 둔 사회주의로, 혁명의 주체가 도시노동자였던 마르크스-레닌주의인 유럽식 사회주의와 차이가 있다. 유럽식 사회주의는 유럽에 산업혁명이 일어나면서 노동자계층이 출현하게 되고, 그들의 생활이 피폐했기 때문에 발생했다. 그러나 중국식 사회주의는 혁명의 주체가 노동자가 아닌 농민이다. 물론 중국도 처음에는 상하이처럼 공업이 발달한 지역에서 도시노동자 중심으로 사회주의 혁명을 꾀한 적이 있다. 그러나 혁명이 국민당에 의해서 진압되고, 중국 공산당의 대장정이 시작되면서 마오쩌둥의 중국식 사회주의가 주류를 이루게 된다. 마오쩌둥은 〈사기史記〉나 〈자치통감資治通鑑〉 등 중국 역사서를 즐겨 읽으면서 중국 전통사상에 철저하게 뿌리를 두었고, 중국 전통사상을 기초로 중국의 현실에 맞게 농민계층을 앞세운 '중국식 사회주의'가 발전하게 된 것이다.

중국에는 강력한 정치지도자뿐 아니라 훌륭한 경제 지도자들도 많다. GE를 인수하면서 세계 1위의 백색가전 기업으로 발돋움한 하이얼 그룹을 30년째 이끌고 있는 장루이민張瑞敏 회장이 대표적이다. 장 회장은 2015년에 '싱커스50' 행사에서 최고 영예인 '경영 사상가상'을 받고, 경영가 순위도 전 세계에서 38위를 차지했다. 2001년에 싱커스 시상식이 시작된 이래 빌 게이츠 마이크로소프트 회장이나 잭 웰치 제너럴 일렉트릭GE 회장이 이 상을 받았고, 중국인이 수상과 순위 등극을 둘 다 거머쥔 것은 장루이민 회장이 처음이다.

1984년 중국 칭다오에서 다 쓰러져 가던 작은 냉장고 공장을 일으켜 30년 만에 세계 정상의 자리에 오르도록 한 장회장은 경영의 비법에 대한 질문을 받았을 때 노자의 〈도덕경〉에 나오는 다음의 구절을 답으로 제시했다.

'천하만물은 유에서 시작됐고, 유는 무에서 시작됐다天下萬物生于有 有生于無.'

눈에 보이는 것보다 보이지 않는 것이 더 중요하다는 뜻으로, 기업가나 직원 모두가 보이지 않는 고객의 욕구를 만족시키기 위해 더 노력해야 한다는 것을 강조한 것이다. 예를 들면, 파키스탄 인들이 입는 옷이 두껍고 긴 것을 보고 파키스탄에서 나오는 세탁기는 중국에서 생산되는 것보다 통을 더 크게 하고 물살을 더 세게 한다거나, 미국 기숙사에서 학생들이 미니 냉장고를 책상 대용으로 많이 쓰는 것을 보고 아예 냉장고 윗부분을 책상으로 쓸 수 있는 전용 제품을 만든 것이다. 유럽 가정에서 TV를 보면서 와인을 한 잔씩 하는 문화를 보고 거실용 미니 와인 냉장고를 따로 만든 것도 고객의 욕구를 만족시키려는 노력이다. 그래서 하이얼은 세계 유수의 경영 전문지들로부터 경영자의 리더십과 직원들의 업무방식이 가장 혁신적이라는 평가를 받고 있다.

장루이민 회장은 '세찬 물결은 무거운 돌까지도 떠내려 보낸다'는 말도 언급했다. 속도는 불가능을 가능하게 만들기 때문에 속도에서 경쟁력이 없는 기업은 반드시 도태한다는 것을 강조하기 위해 〈손자병법〉에 있는 말을 인용한 것이다. 고대 중국의 철학 사상을 현 시대의 경영에 이용해 시장의 강자를 키워내고 있는 장루이민 회장을 보면서 이쯤되면 세계 1등 기업을 키워낸 몇 천 년의 중국 인문학이 대단해 보이지 않느냐고 묻고 싶다.

Chapter 4.

중국 사업의 정석

중국인의 마음을 두드려라, 중국인 파트너와 직원 관리 노하우

신뢰 관계를 맺으면 충성심과 헌신을 보여주는 중국인

중국에서 방송제작 사업 제안을 받았을 때 이 분야에 대해 알아봐야겠다는 생각으로 한 방송작가를 만났다. 우리나라에서 패션이나 미용 관련 프로그램으로 잔뼈가 굵은데다 최근에는 중국에서도 활동을 하고 있다는 베테랑이었다. 평소 궁금했던 질문을 했다.

"한국에서 인기 있는 미용 프로그램 중에 중국으로 수출되서 방영되는 것이 많더라고요. 그런데 성형으로 외모가 바뀌는 케이블 방송은 수출이 안 되나봅니다?"

작가의 얼굴이 금세 일그러졌다.

"어휴, 말도 마세요. 중국에서도 시도를 했었죠. 그런데 중국 여자애들은 성형 수술을 받은 후에 그렇게들 도망을 가버려요. 그래서 방송인데도 아예 보증금을 받고 수술을 한다니까요? 책임감이 없어요."

방송 사례야 약간 다른 이야기일 수 있지만 중국 사람을 직원으로 고용한 한국인들을 만나면 비슷한 하소연을 자주 듣는다. 책임감이 부족하다는 거다. 이게 영 틀린 말은 아닌 것이 중국의 철학가나 문학가들도 중국인들이 책임감이 부족하다는 자체 비판을 종종 해왔다. 중국인들이 존경하는 현대철학가인 량수밍은 '중국인들은 예절을 중시하고 근검한 반면, 대충대충 넘어가는 경향이 있다'고 말했고, 중국의 사상가이자 교육가로 베이징대학교의 학장과 주미 대사를 역임했던 후스도 자신의 글 〈차부뚜어差不多 선생〉에서 '대강대강'이라는 뜻인 '차부뚜어'를 남발하며 약속이나 일을 대강대강, 대충대충 처리하는 중국인의 습성을 비판하기도 했다. 나 또한 중국인들의 특징 중 하나가 자신이 잘못하고 실수한 것을 잘 인정하지 않는 거라고 생각한다. 아마도 그 배경에는 숙청의 피바람과 태풍과 같은 혼란을 가져왔던 문화대혁명의 영향이 있지 않나 싶다. 그때부터 '함부로 책임지면 다칠 수 있으므로 처음부터 책임지지 않는다'는 생각이 뿌리 깊게 자리 잡은 게 아닐까? 문제는 이런 태도를 바꾸지 않으면 중국의 미래에 굉장히 큰 걸림돌로 작용할 것이라는 생각이 든다. 일에 있어서만큼은 책임감이 떨어질 경우 폭발적인 힘을 내기가 어렵기 때문이다.

그러나 이런 성향이 국민성에 전반적으로 깔려 있다고 해도 각 사람이 나와 어떠한 관계를 형성하느냐에 따라서 예상을 뛰어넘는 충성심과 헌신을 보여주는 게 중국인이다. 그리고 그런 인물이 있으니 바로 썬프레의 시작을 함께한 우피탸오吴丕挑 씨다. 한인식당을 운영하던 당시 매장 청소부로 취직했던 이십대의 아가씨가 썬프레와 함께 하면서 어느 새 마흔을 훌쩍 넘겨 버렸다. 얼마나 성실한지 출근 시간 한 번 어긴 적이 없었고 작은 쓰레기 하나도 허투루 보지 않았다. 지금 우피탸오 씨는 썬프레 콩나물의 포장과 배송이 이루어지는 물류창고에서 총 책임자를 맡고 있다. 썬프레가 유일하게 직접 운영하고 있는 물류창고가 하나 있다. 직원들은 새벽 4시에 이곳으로 출근해 콩나물을 담고 배송을 시작한다. 상하이 시내 마트나 슈퍼마켓으로 직접 배송하는 차량이 3대 정도, 또 다른 물류센터로 제품을 이동시키는 대형차량이 2대, 일주일에 2번 안후이성(安徽안휘)과 후베이(湖北호북)성까지 하루 18시간, 22시간을 운전해서 가는 차량이 한 대 더 있다.

식당을 했던 시절부터 인연을 맺어, 지금은 썬프레의 가장 든든한 오른팔이 되어주고 있는 우피타오 씨와 전연희 실장

썬프레에 관련된 일이라면 작은 허점 하나도 그냥 넘기지 않는 그에게 나는 창고와 관련된 모든 책임과 권한을 넘겨주었다. 대신 확실하게 품질 관리를 하도록 지시했고 우피탸오 씨에게 대학을 나와서 사무직으로 일하는 다른 직원들보다 훨씬 높은 급여를 주고 있다. 이는 우피탸오 씨에 대한 나의 신뢰를 보여주는 것인 동시에 직원 전체에 우리의 주력 품목인 콩나물의 포장과 배송이 가장 중요하다는 것을 상징으로 보여주는 것이기도 하다. 그리고 우피탸오 씨는 그것을 아는 만큼 썬프레를 위해 열정적으로 일하고 있다. 덕분에 나는 지금껏 품질 관리가 들쑥날쑥하다는 이야기를 들어본

적이 없다. 그래서 지금은 물류창고에 대한 걱정은 아예 완전히 잊고 영업에만 집중하고 있다. 현재 썬프레의 직원 24명 중에서 나와 전연희 실장을 제외하고 모두 중국인이다. 그 친구들 덕분에 일하는 속도도, 회사가 커지는 속도도 가속이 붙었다.

마음을 열고 오래 기다려 주기, 모죽처럼

전문 강연자로 활동하는 조엘 웰던이 소개했던 모죽毛竹이야기가 있다. 모죽은 대나무 중에서도 최고로 인정을 받는 대표 품종이다. 중국 사천성의 한 농부가 모죽 씨를 심고 얼른 자라기를 기다렸다. 그런데 1년이 지나고, 3년이 지나고, 5년이 지나도록 모죽은 감감무소식이었다. 아무리 물을 주고 가꾸어도 싹이 나지 않자 농부는 애가 탔다. 그런데 5년이 지난 어느 날 손가락만한 죽순이 돋아나기 시작하더니 갑자기 하룻밤 사이에 한 자가 넘게 그 키가 자란 것이다. 이것이 바로 모죽의 힘이다. 대나무는 한 번 성장을 시작하면 하루 동안에 1미터까지도 자랄 수 있다. 또 좀처럼 꽃이 피지 않지만, 한 번 꽃이 피면 전 대나무 밭에서 일제히 피는 것이 장관을 이룬다. 대나무가 몇 년이고 자라지 않는 이유는 부지런히 땅속줄기로 양분을 모두 보내 그 뿌리가 사방으로 뻗어나가 10리가 넘도록 땅 속 깊숙이 자리를 잡기 때문이다. 이렇게 평소 내실을 다져 두었다가 싹이 땅을 뚫고 나가자마자 폭발적인 힘을 발산한다. 나는 중국인 직원들과 함께 일하는 것이 이 모죽과 같다고 생각한다.

'그래, 어차피 함께 해야 할 운명이고, 나와 내 사업체를 위해 일 해줄 사람들이라면 적어도 나부터 마음을 열자. 그들이 해주기를 기대하는 만큼 보상과 교육을 해주면 그들은 결국 보답을 할 것이다. 사랑은 주는 만큼 돌려받는다는 말을 나는 믿는다.'

처음 몇 년간은 그들을 이해할 수 없고, 그들이 마음을 여는 것 같지 않고, 변하지 않을 것처럼 보였다. 그러나 인내하고 기다리면서 5년 정도 지나자 그들의 힘이 얼마나 폭발적인지 깨달았다. 그들은 쉽게 변하지 않는 만큼 쉽게 떠나지 않는다. 시간이 오래 걸리는 만큼 그 깊이가 다르다. 그리고 내가 주는 만큼 반드시 돌려주는 사람들이다.

한국 업체들이 중국에서 실패하고 떠나는 이유 중의 하나가 직원들의 반발심을 샀기 때문이다. 평소 중국인이라고 무시하고 베풀지 않으니 회사에 조금만 위기가 찾아오면 직원들이 회사를 점거하고 한국인 경영자를 몰아낸다. 원래는 힘들 때 의리 있게 나서서

도와주고도 남을 사람들이지만, 신뢰가 없으면 나 몰라라 내버려 두는 사람이 되어버린다. 어떻게 관계를 맺어 가느냐에 따라 천지 차이의 결과를 가져온다.

중국에서 성공가도를 달리고 있는 이랜드는 연간 5천 명에 달하는 중국인 직원을 채용하고, 중국에 파견되는 직원들에게도 중국 관련 책을 100권 이상 의무적으로 읽게 한다. 그 외에도 오랫동안 중국인들을 이해하고 연구하는 데 공을 들였다. 최종양 이랜드 중국법인 대표가 중국 진출 초기에 6개월 동안 버스와 기차를 타고 193개 도시를 돌며 중국문화를 몸소 습득했다는 것은 너무도 유명한 일화다. 무엇보다 이랜드는 중국을 잘 아는 인재를 적재적소에 활용하기로 유명하다. 우수 직원을 뽑아 한국 연세어학당 등에서 어학연수를 받을 수 있는 기회를 주기도 하면서 인사정책에서도 현지인을 우대한다. 이런 노력 덕분에 중국인들의 절반이 이랜드그룹이 중국 현지 회사라고 믿을 정도가 되었다. 직원에게 이 정도이니 이랜드가 중국 소비자들에게는 얼마나 살갑게 다가갈까? 붉은색을 선호하는 중국인의 성향에 맞춘 붉은색 매장 로고와 중국인이 좋아하는 곰 캐릭터를 활용한 티니위니는 어느새 연 매출 5,000억 원대의 대형 브랜드가 됐다.

썬프레도 지난 11년간 중국 현지화를 위해 노력했고 이제는 거꾸로 '중국의 고급 먹거리 브랜드'라는 타이틀을 달고 한국에 역진출을 하게 되었다. 우리는 '중국산'이라고 하면 저품질, 혹은 싸구려를 떠올리지만 앞으로는 중국제품의 고품질과 다양성에 놀라게 될 것이다. 한국어로 '교활狡猾하다'라는 단어는 다소 부정적으로 쓰인다. 그런데 중국어로는 오히려 똑똑하다는 뜻으로 쓰인다. 단, 머리와 행동만 똑똑한 것이다. 왜 우리나라에서 이 단어가 안 좋은 의미로 쓰이는지 알 법하다. 중국에서 성공할 장사꾼은 몸과 머리만 똑똑해서는 안 된다. 이제는 가슴으로도 중국인 직원들의, 중국 파트너 기업들의, 중국 소비자들의 마음을 '똑똑' 두드릴 수 있어야 한다.

중국식 규모의 경제학을 이해하라

여전히 중국이 기회의 땅인 이유

'어젯밤까지 잘 되던 내비게이션이 오늘 아침에 길을 잃는다.'

매일 광속의 속도로 변화하는 상하이의 모습을 표현한 얘기다. 하룻밤 사이에도 새 길이 나기 때문에 내비게이션을 업그레이드하는 주기를 조금만 늦추면 곧바로 길을 잃게 된다는 뜻이다. 중국은 잠에서 깨어난 사자가 아니라 이미 포효하면서 달리고 있는 사자다. 그들과 맞서서 경쟁하겠다고 같이 달리면 자금력과 네트워크가 부족한 우리는 힘이 달리고 금세 지치게 된다. 나는 이것을 매일 실감하고 있다. 그나마 사자가 아직 전속력으로 달리지 않아 옆에서 따라 잡을 수 있을 때 빨리 그 갈기를 붙잡고 사자 등에 살짝 올라타야 한다. 그럼 우리는 힘 들이지 않고도 사자의 속도로 함께 달릴 수 있다.

하룻밤에도 1미터씩 쑥쑥 솟아오르는 모죽처럼 중국의 놀라운 성장력은 거대한 인구수에서 나온다. 한국은 인구 6천만의 나라로, 한국의 대표적 편의점인 세븐일레븐은 전국에 총 7천 개가 있다. 인구가 14억인 중국에 세븐일레븐이 몇 개가 있을까? 우리보다 인구수는 30배가 많으니, 편의점도 30배가 많을 것이고, 그중에서 세븐일레븐은 10배쯤 많다고 가정을 하면 7만 개 정도 돼야 하지 않을까? 여기서 포인트는 중국 내에 '아직' 세븐일레븐이 1천700개(2013년 기준)밖에 되지 않는다는 것이다. 중국은 편의점 사업이 이제 막 시작하는 단계이기 때문이다. 만약 썬프레가 현재 있는 1천700개의 세븐일레븐에 썬프레 제품을 납품해 놓는다고 가정하자. 매장수가 10년 뒤 약 7만5천 개까지 불어난다고 하면, 그 불어난 매장수만큼 자동적으로 썬프레의 매출도 커지게 될 것이다. 이것이 내가 본 중국의 가능성이다.

썬프레는 현재 베이커리 프랜차이즈 업체를 중국의 블루오

션으로 보고 사업을 진행하고 있다. 한국에는 SPC 그룹의 파리바게트 매장이 전국에 3천300개가 있다. 현장에서 직접 빵을 구워 파는 형식이고, 그 매장 안에서는 빵과 어울리는 우유도 팔고 있다. 이제 막 파리바게트 같은 베이커리 체인점이 유행하기 시작한 중국에서 베이커리 매장에 썬프레 우유를 납품해야 되겠다는 아이디어를 여기에서 얻었다. 그래서 상하이 부촌에만 있는 고급 베이커리 체인점인 카페 봉마틴Café Bon Matin paris과 호북성 우한에 본사를 두고 있는 첸지仟吉베이커리에 썬프레가 처음으로 우유를 납품하기 시작했다.

썬프레 우유가 입점된 상해 고급 베이커리 체인점, 봉마틴

이들 브랜드만 해도 한 달에 직영점 개수가 10%씩 성장하고 있기 때문에 현재 직영점이 500개라면 10년 뒤면 5천 개까지 늘어날 것이고, 자연스럽게 베이커리 매장에서 썬프레의 우유 매출도 급격히 늘어날 것으로 예상하고 있다. 지금은 큰 욕심 부리지 않고 '빵 가게에 우유 들여놓기' 전략으로 중국 시장을 세세히 살피고 있는 이유가 여기에 있다. 우리 제품을 슬쩍 곁들여 놓을 수 있기만 해도 앞으로 그 성장세는 어마 무시할 것이기 때문이다. 자판기 도시락에 우리 우유를 살짝 끼워서 팔고, 중국 전역에 배송되는 우유에 우리 제품이 들어가고, 고급 빵을 만드는 데 우리 우유가 들어가는 식이다. 관계를 중시하는 중국인들의 특성상 한번 관계를 맺기가 어렵지 한번 좋은 관계를 맺어두면 오랫동안 함께 하기 때문에 사업을 장기적으로 바라볼 수 있는 것이다.

우리나라의 경우 국토의 면적이 작다 보니 한 기업이 전국 단위로 유통망을 운영한다. 2016년 초를 기준으로 이마트가 서울부터 제주까지 전국에 걸쳐 150개가 넘는 지점을 운영하고, 롯데마트도 전국에 110개점을 출점하고 있다. 그러나 중국은 우리와 규모면에서 차원이 다르다. 1선 도시인 상하이에 50층이 넘는 빌딩이 100개가 있다면 2선 도시에는 50개, 3선 도시에는 20개, 4선 도시에는 10개가 있고 우리 식의 행정구역으로 보면 군이나 읍 소재지에 해당하는 지역에도 고층 빌딩이 반드시 한 개 이상 꼭 있다. 우리나라는 부富가 대도시에 편중되어 있지만 중국은 부富가 전국적으로 골고로 분포되어 있는 차이가 있다는 것이다.

인구의 규모만 보더라도 각 성별로 적게는 3천만 명, 많게는 1억 명의 인구를 가지고 있는 성 단위의 행정 조직이 전국에 32개가 있고, 그 아래 시급 도시가 15개 전후로 구성되어 있다. 부가 한 곳에 집중되어 있지 않고 전국적으로 골고루 분포돼 있다 보니 각 지역마다 로컬 브랜드나 기업이 자생적으로 태어나고 성장할 수 있는 기반이 매우 탄탄하다는 이야기다. 중국에 와서 영업을 하면서 가장 놀란 것이 한 업체가 중국 전역에 가맹점을 내는 경우가 없다는 것이다. 물론 워낙 국토가 넓다 보니 물류에도 한계가 있고, 지역 간 소비문화의 발달 정도에도 차이가 있겠지만 이것이 중국인의 독특한 독립성에서 온 것이라는 생각이 든다.

그러니 한국처럼 경제민주화니 독과점 품목을 지정하라느니 소란을 떨면서 정부가 대기업을 규제하는 일이 벌어질 수가 없다. 대한민국 전체의 유통시장을 이마트와 롯데마트가 양분하고 있는 구조에서는 두 마트의 선택을 받지 못하면 한국 시장 전체를 포기해야 하는 것을 의미한다. 그러나 중국에서는 한 도시를 포기하더라도 나머지 도시에서 얼마든지 기회를 잡을 수 있다. 중국에서 돈 벌 수 있는 이유가 여기에 있는 것이다.

사업허가제, 고가 임대료, 120일 결제시스템, 이 세 가지 걸림돌을 넘어라

중국 사업에서 꼭 알아야 할 것들

떡볶이, 순대, 어묵, 튀김과 지팡이과자, 호떡과 핫바….

한국에 방문한 중국 관광객들이 즐겨 먹는 길거리 음식들이다. 이 인기 먹거리를 중국 길거리에서도 팔아 보겠다고 많은 한국인들이 중국을 찾는다. 하지만 버티는 게 6개월. 그 시간이 지나면 대부분 쓴맛을 보고 떠난다. 중국에서 사업을 하는 데 필요한 조건을 제대로 파악하지 않고 덤빈 결과다. 중국은 한국과 다르게 노점상이 생각보다 많지 않다. 이는 세금 징수와 관계가 있어서 중국에서는 길거리에서 포장마차를 하더라도 사업자등록증이 있어야 한다.

어느 나라에서건 사업할 때 제일 중요한 게 세금이다. 한국은 사업자등록증을 관할세무서에 신고만 하면 당일에도 발급이 돼서 바로 사업을 시작할 수 있는 신고제이지만 중국은 사업을 하기 위해서는 국가의 허가를 받아야 한다. 여기에만 최소 4~5개월이 소요된다. 이걸 모르고 무턱대고 오니 생각보다 사업 전에 경비가 많이 필요하게 되고 내는 세금도 많다. 처음부터 충분한 수익을 내지 못하면 감당하기 어렵다. 이뿐만이 아니다. 점포를 임대하려고 해도 중국에는 한국처럼 전세 개념이 없다. 월세 제도만 있는 중국은 1선 도시일수록, 핵심 상권일수록 임대비용이 상상을 초월할 정도로 비싸다. 나라 자체가 고도성장을 계속하고 있기 때문에 부동산 임대료도 매월 큰 폭으로 상승하고 있다. 월 임대료가 베이징의 핵심 상권의 경우 6년 연속 평균 7% 이상 상승하고 있고, 상하이 핵심 상권은 연 4.5%씩 오르고 있는 실정이다. 중국이라고 우습게 보고 왔다가는 큰 코를 다칠 수 있다. 중국 내에서 대형 쇼핑센터 1층 임대료가 가장 비싼 곳으로 상하이가 꼽혔는데, 평균 임대료가 월평균 1제곱미터당 약 1천300위안(한화 약 70만원)이었다. 20평짜리 가게라고 하면 월세가 한화로 1천400만원 수준, 우리나라 강남역 한복판에 위치한 최고급 빌딩의 임대료 시세와 비슷하다.

중국의 후불 결제시스템도 한국에서 온 장사꾼의 머리를 아프게 했던 숙제였다. 중국의 마트나 슈퍼마켓에 입점하기 위해서는 대형마트의 경우 한화로 약 1억5천만 원에 달하는 입점료를 내야 한다. 거기에 납품 후 120일이 지나야 결제를 받기 때문에 적어도 4개월간 후불 결제시스템을 감당할 수 있는 자본이 필요했던 것이다. 월 매출 10억 원을 감당하려면 최소 40억 원의 자본이 필요하고, 월 매출 100억 원을 하기 위해서는 최소 400억 원이 필요하다는 뜻이다. 이런 중국의 결제방식이 중국에서 사업을 하는 중소상인들에게는 넘기 힘든 장애물이다. 썬프레 역시 쑨차오 현대농업원에서 채소와 우유를 가정 배송하면서 모은 종자돈이 전부 씨티숍에 콩나물을 입점시킬 때 한 번에 들어갔다. 한 번에 4개월 치의 외상값을 감당해야 했던 것이다. 자금력을 달리 표현하면 외상값에 대한 부담을 견딜 수 있는 힘이다. 그것만 충분하다면 썬프레는 당장이라도 2천 군데의 매장에 추가적으로 입점을 할 수 있을 것이다.

상황이 이렇기 때문에 중국에서 공장을 직접 소유하거나 규모의 경제를 운영해 본다고 무작정 사업의 덩치를 키우는 것은 매우 위험한 일이다. 120일 후불 결제에 따라 필요한 초기 자본금도 막대하거니와, 돌려받지 못하는 입점료의 부담도 크고 외국인에게는 정책적으로 신용대출 제도 등이 열려 있지 않기 때문이다. 중국의 이런 시스템에 대해 알고 시작해야 나중에 자금이 부족해 덜미를 잡히는 일을 막을 수 있다.

이러니 썬프레가 지난 10년 간 '황제 마케팅'으로 차곡차곡 쌓아놓은 후광 효과는 금액으로 환산하기 어려울 만큼 크다. 우선 슈퍼마켓이나 마트에 따로 입점료를 많이 내지 않고 입점하기 때문에 막대한 입점료가 절약된다. 한국에서 내로라하는 대기업들도 마트에 직접 들어가지 못하고 중간에 벤더를 거쳐서 제품을 입점시키는 일이 다반사다. 입점료에 벤더 수수료까지 이중, 삼중으로 돈이 나가는 것이다. 그러나 썬프레는 마트나 벤더, 어느 쪽에도 지불하는 중간 비용 없이 직접 제품을 입점시키고 있으니 이를 돈으로 환산하면 적지 않은 금액이다. 우리나라의 식품기업 중에 진짜 승자는 CJ나 풀무원이 아니라 '오리온(구 동양제과)'이라고 생각하는 이유도 비슷한 맥락이다. 오리온은 대부분 마트와 슈퍼마켓에 중간 벤더 없이 직접 입점을 한다. 그리고 초코파이를 필두로 한 자가 브랜드들이 중국 내에서 연 매출 1조 원을 훌쩍 넘기는 신화를 창조했다. 이러한 중국 내의 성공 덕분에 오리온의 주가 총액도 40년 전보다 7천900배가 상승한 6조7230억 원을 달성했다. 이 정도가 되니 오리온은 최근 국내 과자 제품 중에서 최초로 중국 내 매출이 2천억 원을 돌파한 '오!감자'의 상승세를 이어가기 위해 중국에 감자

스낵의 원재료를 만드는 플레이크 공장을 완공했다. 그 외에도 오리온은 베이징·상하이·광저우 등 5곳에서 중국 현지 공장을 가동 중이다. 중국에 원료 생산 공장을 가동하는 것은 한국 제과 기업 중 오리온이 유일하다. 나는 오리온이 한국에서는 CJ나 풀무원보다 작은 규모의 기업임에도 불구하고 중국에서 이처럼 성공할 수 있었던 가장 큰 요인으로 중국 현지화에 대단한 능력을 보였기 때문이라고 생각한다.

중국에서 사업을 시작하면서 염두에 두어야 할 세 가지를 정리해 보면 다음과 같다.

첫째, 사업자등록증이 허가제이기 때문에 허가를 받기까지 시간과 경비가 들어간다는 것.

둘째, 유통업체의 입점료가 비싸고 상가의 점포 월세 임대료도 한국보다 비싸다는 것.

셋째, 유통업체 결제가 판매 후 120일 전후로 이루어지기 때문에 유동자금을 넉넉하게 확보하고 있어야 한다는 것.

이 세 가지는 중국에 진출하기 전에 꼭 유념해 두길 바란다.

중국식 계약서 쓰는 법을 배워라

계약서, 사업의 시작이자 모든 것

중국인들은 계약서를 정말 잘 쓴다. 오죽하면 100년 전에 각각 영국과 포르투갈에 빼앗겼던 홍콩과 마카오도 계약서에 따라 돌려받았을까? 영국과 포르투갈은 계약서의 조항을 작성하면서도 100년 후에 그 섬들을 반환해야 하는 일은 절대로 오지 않을 것이라 장담했을 것이다. 그래서 거리낌 없이 사인을 했을 것이다. 그러나 청나라의 승계를 받은 중국은 정확히 100년 후, 1997년과 1999년에 두 섬을 반환받았다. 마찬가지로 중국에서 마트 입점계약서나 임대차계약서, 건물임대차계약서, 노동계약서 등 어떤 계약서를 쓰더라도 항상 세심한 주의를 기울여야 한다. 중국인들은 계약서를 무기로 휘둘러 상대를 꼼짝달싹 못 하게 만드는 데 선수이기 때문이다.

예를 들어 우리나라에서는 계약서를 써놓고 '해당 계약에 이의가 없으면 계약 기간을 자동적으로 연장한다'라는 조항을 덧붙이는 경우가 종종 있다. 그러나 이런 애매모호한 계약 문구는 중국인에게 절대 통하지 않는다.

마트나 슈퍼마켓 입점계약서는 일 년에 한 번씩 갱신을 하는데, 우선 중국에서는 '12달 기간' 개념 중심이 아니라 '연간' 개념 중심이라는 게 우리와의 차이점이다. 어떤 사람이 마트에 올 8월 달에 입점을 했다고 하면 그 사람은 내년 1월에 또 다시 계약서를 써야 한다. 계약은 연간 개념으로 진행이 되기 때문에 8월부터 해당 연도가 끝나는 12월까지 딱 5개월까지만 계약서를 써주기 때문이다. 그 다음부터는 1월부터 다시 연간 계약을 해야 한다.

우리나라는 1년이든, 2년이든 해당 계약이 유지되는 동안에는 임대료를 따로 올려받지 않는다. 그러나 중국에서는 계약 기간을 3년이나 5년으로 한다고 해도 첫 해에는 임대료를 그대로 받지만 다음 해부터는 매년 반드시 3% 또는 7%씩 임대료를 인상한다. 계약기간을 정해 놓는다고 해서 계약 기간 내에 임대 가격이 일정한 게 아니라 매년 계약금이 물가 상승률에 따라서 함께 상승하는 구조인 것이다. 오른 금액에 또 상승률이 붙으니 복리 구조가 되어 시간이 갈수록 임대비용이 확확 뛰는 게 온몸으로 느껴질 정도다.

그러니 계약을 할 당시 임대료가 싸다고 무턱대고 할 것이 아니라 계약기간 내에 임대료가 얼마나 상승하게 되는지도 꼭 따져볼 것. 예를 들어 첫 해 임대료가 매월 100만 원, 그리고 매년 5%씩 인상시키기로 계약했다고 하자. 올 일 년간은 매월 100만 원씩 내겠지만 내년에는 5%가 상승되어 매월 105만 원을 내야 한다. 그리고 내후년에는 100만 원에 10%를 인상해 110만 원이 되는 게 아니라 105만 원의 5%를 더해 111만2,500원을 내는 것이다.

우리나라와 개념이 다른 항목이 하나 더 있다. 바로 보증금이다. 우리는 보증금을 나중에 돌려받는 것으로 아는데, 중국에서 보증금은 대개 돌려받지 못한다. 중국에서 세를 들어가게 되면 몸만 들어가면 될 정도로 물품이 갖춰져 있어서 건물과 가전제품에 대한 감가상각비를 보증금으로 요구하는 것이다. 따라서 어차피 돌려받지 못하는 돈, 보증금은 계약 당시 협상을 잘해서 최소한으로 줄이는 것이 중요하다.

중국에서 보증금은 보통 월세금의 한 달 치 또는 두 달 치 정도의 금액이다. 이런 사실을 잘 모르는 한국 사람들은 보증금을 월세의 석 달 치 금액이나 내고 나중에 돌려받지 못했다고 억울해 한다. 그렇다고 중국인에게 당했네, 계약이 형평성이 없네, 불평할 이유가 없다. 사실은 아주 계산이 철저하고, 또 합리적이라고 보는 것이 맞다. 물가가 매년 상승하는데 어떻게 임대 보증금이 2년 간 같을 수 있겠는가? 그리고 물건을 다 갖추고 사람을 들이는데 물건에 대한 감가상각을 요구하는 것도 합리적이다. 우리와 다르다고 이해하려고 시도조차 해보지 않고 마음을 닫아버리면 아예 장사를 할 수 있는 기반도 마련할 수 없다.

우리나라는 2년 간 세를 올리지 않지만 반면 계약이 끝난 후에는 임대료를 얼마나 올릴지, 계약을 더 할지 안 할지는 소유주 마음대로다. 주변 시세나 물가 상승률에 근거한다고 하지만 명확한 근거가 없는 것도 사실이다. 그러니까 '2년 후에 얼마를 올리던 당장 2년 간은 올리지 않으니까, 그것이 더 낫지 않을까?'라는 건 조삼모사朝三暮四와 같은 생각이다. 계약 기간이 끝난 후에 얼마를 올리든 좋으니 계약 기간 동안은 금액을 올리지 말아달라고 당당하게 요구하는 한국 사람들을 볼 때마다 역으로 묻고 싶다. 중국인들이 이 제안에 어떤 매력을 느끼겠냐고.

중국에서 사업하면서 또 하나 중요하게 챙겨야 할 계약서가 바로 중국인 직원과의 노동계약서이다. 사회주의 국가는 노동자를 위한 나라라고 생각해도 과언이 아닐 정도이기 때문에 중국에서 노동계약서는 매우 중요한 부분이다. 중국에서는 노동 계약을 보통 일 년 단위로 한다. 그런데 일 년 후에 노동계약서를 새로 작성하지 않고 있다가 직원이 5년을 근무하고 퇴사할 때 노동 관련 법원에 신고하면 노동계약을 재작성하지 않은 4년 동안의 급여에 대하여 직원에게 3배로 배상해야 한다. 이런 내용을 몰라 억울하게 분쟁에 휘말리는 한국인들의 사례가 많다는 사실을 꼭 기억하길 바란다. 어느 나라나 계약은 중요하지만 특히 중국에서 '계약'은 그게 무엇이 됐건 여러 번 확인하는 게 필요하다. 가능하다면 전문가에게 점검을 요청하는 것도 추천하고 싶다. 소 잃고 외양간 고칠 일은 없어야 하니까 말이다.

중국은 넓고
시간은 늘 부족하다

'까까중머리'에 담긴 초심

'패자부활전에서 이기기 전까지는 절대 머리를 기르지 않겠다!'

좌절의 시간 끝에 상하이에 첫 발을 내디디면서 스스로 각오를 새롭게 하며 나 자신에게 했던 다짐이다. 그래서 지난 십 년 간 이곳에서 내 별명은 '까까중머리'였다. 예전 시골의 중학생 소년처럼 늘 머리를 아주 짧게 자르고 다니기 때문이다. 그러다가 2015년, 10년 만에 비로소 처음 머리를 기르기 시작했다. 타국에서 여러 일을 겪으면서도 좌절하지 않고 바쁘게 앞만 보고 달려온 나 스스로를 다독여주며 그날 아침 처음으로 면도기를 들지 않았다.

'수고했다! 정말 수고했다!'

지금은 옆으로 머리를 쓸어 넘길 수 있을 정도로 꽤 자랐다. 나의 두 번째 사업체는 이제 상하이에서 겨우 막 싹을 틔운 새싹에 불과하지만, 10년 전에는 상상할 수도 없었던 새로운 기회와 제안들이 다가오는 것을 보며 이제야말로 뿌리를 깊게 내리고 한껏 성장해 나아갈 때라는 생각이 들었기 때문이다.

가슴 뛰는 하루하루

썬프레의 차세대 사업 중 하나는 '도시락 자판기'이다. 한국 사람들은 아침은 집에서 먹고 주로 점심이나 저녁을 외식하는 문화다. 그런데 중국인들은 아침은 외식을 하고 저녁을 집에서 먹는다. 그러다 보니 어디서나 간단하게 아침을 사 먹을 수 있는 빵이나 만두 가게가 늘 북적인다. 이에 착안해 꽝밍식품 유한공사와 썬프레는 2016년 1월 1일부터 중국인들의 아침식사를 공략하기 위해 도시락 자판기를 곳곳에 들여놓았다. 빵과 샐러드, 우유가 들어가 있는 도시락 박스가 특수제작된 냉장 자판기 안에 들어가 있어 돈이나 카드로 즉석에서 구입을 하거나 앱을 통해 미리 주문할 수 있다. 우유는 꽝밍식품 유한공사 산하의 꽝밍유업에서 생산되고 샐러드와 과일, 샌드위치는 썬프레에서 제공한다. 신기한 것은 자판기에 전자레인지가 함께 설치돼 있어 빵을 따뜻하게 데워 먹을 수 있다. 자판기 외부는 자체가 LED 광고판이라 꽝밍과 썬프레의 제품 광고가 하루 종일 방영된다. 신선한 샐러드 도시락을 자판기에서 간편하게 살 수 있다는 것도 새롭지만 이 자판기들은 꽝밍기업의 네트워크를 활용해 처음에는 대기업들이 모여 있는 중심 상업지구와 고급 주택가, 고급 아파트나 상업지역에 설치되었다. 그러다 점차 주요 지하철역에 설치되어 상하이에서만 총 3천 개가 놓였다. 이는 빠른 시간 안에 하나의 트렌드가 될 것이다. 도시락 박스와 함께 썬프레 브랜드와 제품도 상하이 전역의 3천 개 자판기에서 노출되는 것이며 썬프레의 제품을 수많은 사람이 사 먹게 된다. 한 자판기에는 도시락 박스가 총 50개 들어간다. 그중에서 우리 썬프레 제품이 들어간 도시락은 20개 정도다. 3천 대의 기계에서 한 대당 도시락이 20개씩 팔린다고 하면 하루에 6천 개의 썬프레 제품이 '자판기'라는 새로운 채널을 통해 팔리는 것이다.

썬프레의 도시락 박스가 들어 있는 특수 냉장 자판기. 상하이 전역 3천 개 자판기에서 수 많은 사람들이 썬프레 제품을 만난다.

꽝밍식품 유한공사는 6개의 유명기업들이 출자해 설립한 중외합작주식회사로, 중국에서 규모가 가장 큰 유제품 회사다. 특히 아이들이 먹는 것을 믿음 있게 잘 만들다 보니 미국의 〈포춘FORTUNE〉지가 '2002년 중국에서 최고 칭찬을 받는 외자기업', '2002년 중국 사회에서 책임감이 가장 강한 기업'으로 평가하기도 했다. 소비자의 신뢰도가 가장 중요한 식품 분야에서, 그것도 식재료 파동이 심심치 않게 일어나는 중국에서 소비자와 돈독한 믿음의 관계를 구축해온 꽝밍은 그 이미지를 이용해 이제 식품을 벗어나 다른 분야에까지 성공적으로 진출을 하고 있다. 이러한 대기업과 나란히 공동사업을 시작할 수 있게 되었다는 것은 참으로 의미 있는 일이다. 남들에게 작게 보이는 콩나물 한 봉지, 우유 한 병으로 브랜드를 만들어온 썬프레의 발전가능성과 신뢰도가 높이 평가되었다는 반증이기도 하기 때문이다.

기분 좋은 제안은 또 있었다. 바로 썬프레와 한국의 대표 외식기업이 함께 공동브랜드를 개발해 중국에 있는 케이터링 업체들을 모아 공장이나 기업 근로자들에게 급식용으로 한화 1천 원 정도 가격에 팩우유를 제공하는 것이다. 한국에서 볼 때는 만날 일이 없을 것 같던 한국의 대기업과 중국에서, 그것도 중국 내 1등 도시 상하이에서 동등한 입장으로 사업 계획을 세우고 있는 썬프레, 나는 매일매일 가슴이 뛴다.

한국의 길거리 간식,
중국 입맛을 사로잡다

만두, 순대부터 커피까지! 무궁한 아이템

"장대표님, 스마트폰 사업이랑 먹거리 사업이 싸우면 누가 이길까요?"

제품관리 차 마트를 함께 둘러보게 된 지인이 뜬금없이 물었다.

"글쎄요. 콩나물 사업이면 좋겠네요. 하하하!"

농담처럼 이야기를 마무리했지만 답은 분명하다. 당장은 스마트폰 사업이 이길 것 같아도 인류의 역사를 장기적으로 보면 살아남을 것은 먹거리 사업이 될 것은 분명하다. 단기적으로만 보아도 IT사업이나 금융, 중공업은 유행에 굉장히 민감하기 때문에 한 기업이 경쟁에서 오랫동안 살아남는다는 것이 쉽지 않다. 먹거리 장사도 멀리서 찾을 필요가 없다. 최근 한국의 고급 백화점 업계에서도 주목하고 있는 먹거리가 바로 그 전에는 쳐다보지도 않았던 옛 간식들이다. 서울의 오래된 전통시장이나 또는 시골의 오일장에서나 볼 수 있던 먹거리, 지방 도시에서 가장 전통 있고 유명하다는 빵집이나 맛집의 메뉴들까지. 실제 한류 열풍이 한창 불고 있는 중국에서도 떡볶이, 순대, 김밥, 부침개, 어묵탕, 붕어빵, 찐빵, 만두 등 한국의 가장 서민적인 길거리 음식들이 인기를 끌고 있다. 특히나 한국 만두는 만두의 원조인 중국과 비교해 보아도 정말 맛이 뛰어나게 좋다.

현재 상하이에 찐빵처럼 생긴 왕만두로 큰 성공을 거둔 브랜드가 '바비 만토우Babi Mantou'다. 아침이고 낮이고 매장마다 사람들이 길게 줄을 서서 사 먹는다. 물론 여기 만두도 맛이 좋지만, 한국 만두에는 아직 못 미친다고 생각한다. 한국식 만두는 중국에 오면 반드시 성공할 수 있다고 믿는 이유다. 길거리나 휴게소 먹거리라고 중국에서도 시장이나 길거리에서만 팔아야 할까? 이 음식들은 깔끔하고 고급스럽게 이미지를 포장한다면 상하이의 마트나 백화점에서도 분명 성공할 것이다.

아침식사 대용 먹거리에 대한 영감을 준 바비 만토우

얼마 전 뉴스에서 대표적인 길거리 간식인 붕어빵이 영국에서 고급스러운 디저트로 변신했다는 소식을 접하고 그 기지에 탄복을 했다. CJ푸드빌이 운영하는 한식 전문매장 비비고가 영국 런던에 소호점을 내면서 아이스크림과 아몬드, 블루베리를 얹은 붕어빵을 한 접시당 5파운드(약 8천700원)에 팔고 있다는 것이다. 순대와 라면도 한화 1만4,000원 정도에 팔고 있다.

최근 중국인들이 커피 맛에 눈을 뜨면서 중국 농부들이 천년 넘게 운영해온 차 밭을 갈아엎고 커피를 심고 있다. 상하이는 중국 내에서도 커피를 많이 소비하는 도시로 유명하다. 차 문화를 즐기는 중국인들이라, 커피는 평균 2개월에 한 잔 마시는 것이 전부인데, 상하이 사람들은 평균 일주일에 커피 한 잔을 마신다. 그리고 거리에서 스타벅스 커피를 테이크아웃해서 들고 다니는 젊은이들이 넘쳐나고 있다. 그래서 한국의 로컬 커피전문점 브랜드들도 '한류 카페K-Café'를 주제로 상하이를 비롯해 중국 곳곳에 매장을 속속 오픈하고 있다. 드롭탑DROP TOP이라는 커피전문점 브랜드는 기와집 형태의 매장 인테리어를 특화해 상하이에 1호점을 열었고, 중국인들의 입맛에 맞춘 커피 메뉴를 출시했다.

또 다른 누군가의 패자부활을 위하여

썬프레는 상하이 로터스 마트에 한국의 먹거리와 간식을 한자리에 모은 한국 식품관 1호점을 열었다. 매장 임대료 없이 매출액에 따른 일정한 수수료만 내는 조건이다. 매장 전체를 썬프레 로고로 도배를 하고 중화권과 동남아시아에서 크게 히트를 친 드라마 〈대장금〉의 이미지를 차용해 판매인들에게 개량 한복도 입혔다. 떡볶이와 왕만두, 찐빵, 도너츠 등 우리가 즐겨 먹는 음식들 중에서 중국 관광객들이 특히 열광하는 메뉴를 마트 안에서 직접 만들어 판매하고 김치와 김을 직접 만드는 모습도 보여주면서 썬프레의 포장 김치와 포장 김을 판매하고 있다.

이런 규모는 우리나라의 길거리 상인들이 중국에 개별적으로 와서 성공하기가 어렵다. 중국 내 식품위생법도 엄격할 뿐더러, 영업신고를 하고 매장 인테리어를 하는 데도 비용이 상당히 들어가기 때문이다. 그래서 썬프레는 한국에서 먹거리 사업을 하다가 실패를 한 분들이 여기서 패자부활전을 치를 수 있도록 한국의 중소기업청과 지속적으로 협의를 해나갈 예정이다. 중국에 연고가 없어도 비자 문제부터 영업 허가를 받는 것까지 썬프레에서 돕고 그분들은 이곳에서 장사만 하면 된다. 매장 인테리어와 원자재를 포함해 모든 투자는 썬프레에서 하고 매출액은 판매자와 썬프레가 일정 비율로 나눠 갖는 방식이다.

매출액 배분은 석 달에 한 번씩 하는 중국 방식이 아니라 한 달(30일)에 한 번씩 해서 자립을 도울 예정이다. 이것은 고맙게도 중국의 마트나 슈퍼마켓 측에서 먼저 썬프레에게 식품관 운영을 제안하며, 입점료 없이 매출액의 일정 부분을 수수료로 지급하기만 하면 되니까 가능한 사업 구조다. 그리고 썬프레 입장에서는 단순히 한국의 맛을 흉내 내는 것이 아니라 수십 년 경력의 길거리 음식 달인들의 인력을 활용해 우리 먹거리를 홍보할 수 있어서 뿌듯하고, 사업을 하다가 나처럼 망해 본 분들이 패자부활전을 치를 수 있도록 간접적으로나마 도울 수 있으니 의미가 있다.

현재 한국 식품관 한 매장에서 하루에 약 5천 위안(한화 약 100만원)씩 수입을 올린다고 하면 월로 따지면 한화로 약 3천만 원, 일 년이면 3억6천만 원의 수익을 올릴 것으로 예상된다. 앞으로 로터스와 그외 마트로도 매장을 빠르게 늘려나갈 예정이니 매장이 10개만 되면 연간 30억, 100개면 300억, 1천 개면 3천억이 될 것이다. 당연히 음식의 달인들이 패자부활전을 치를 수 있는 기회도 대폭 늘어날 것이다.

내 계산이 너무 단순하고 이상적인 것 아니냐고 반문할 수 있다. 하지만 상하이에서 시작하기 때문에 예측 가능한 시나리오다. 또한 썬프레의 콩나물이 고급 마트에서 자리를 굳건히 지킬 수 있기 때문에 꿈꿀 수 있는 가능한 미래다.

장사꾼이 나선다,
해남 고구마와 쌈채소를 잡아라!

농사꾼과 장사꾼이 만나면

만두 외에도 현재까지 중국이 그 맛과 질을 따라오지 못하는 게 한국의 '쌈채소(엽채류)'이다. 한국 쌈채소들은 종류도 다양하지만 모양도 하나하나 예쁘고 무엇보다 맛이 뛰어나다. 비옥한 토양과 깨끗한 물이 있어야 질 좋은 쌈이 자란다. 중국은 물에도 석회질이 다량 함유돼 있어서 쌈채소 농사는 어려움이 있을 수밖에 없다.

'이 뛰어난 쌈채소를 중국인들의 식탁에 올릴 수 없을까?'

평소 기회만 엿보고 있었는데 2015년에 드디어 유기농업 도시인 충청북도와 협의를 맺고 중국에 우리나라 쌈채소를 판매할 수 있는 첫 판로가 열렸다. 인천공항 항공편으로 신선한 충청북도의 쌈채소 5개 품목 샘플을 9킬로그램 정도 들여왔는데 상하이의 슈퍼마켓과 성공적으로 협의가 되어 판매할 수 있게 된 것이다. 앞으로 이 쌈채소들은 썬프레의 자체 브랜드 10여 개 품목으로 가공되어 향후 5년 간 동남아시아 5천 개 점포에서 판매할 예정이다. 연간 300억 원의 매출을 올리는 것을 목표로 하고 있다.

또 하나, 썬프레가 주목한 것은 우리나라 해남의 고구마다. 그러나 아무리 맛있는 고구라마라도 중국에 무작정 갖고 들어와 팔려면 힘들어진다. 중국의 고구마 값이 해남 고구마 값의 1/5 밖에 되지 않아 가격 경쟁력이 떨어지기 때문이다. 그래서 장사꾼의 기지가 유감없이 발휘되어야 한다. 바로 고구마 하나도 '브랜드' 경쟁력을 갖게 하는 것이다. 썬프레는 해남 고구마 생산농가들과 합작으로 판매 회사를 세워 해남에서 생산한 고구마를 모두 수거해 자체 품질 테스트를 거쳐 1에서 5등급까지 맛과 품질을 세분화하여 나눌 예정이다. 1등급 고구마는 '썬프레'의 이름을 달고 썬프레 콩나물처럼 높은 가격을 받는 프리미엄 상품으로 만들어 고급 마트와 슈퍼마켓에 납품한다. 나머지 2, 3, 4, 5등급 고구마도 제각각 브랜드를 알맞게 붙여 품질에 맞게 제값을 받을 수 있도록 판매 루트를 개척할 것이다. 그렇게 할 수 있도록 도와주는 든든한 밑받침은 당연히 제 1등급 '썬프레 고구마'이다.

농사꾼과 장사꾼이 힘을 합치면 해남 고구마 1등급 브랜드를 반드시 중국 내 제일의 고구마 브랜드로, 제 2의 '썬프레 콩나물'처럼 만들 수 있다. 해남 고구마는 '베니하루까'라는 일본의 교배종인데 해남의 맑고 깨끗한 물과 건강한 땅이 만나 특별히 맛이 좋기로 유명하다. 아직 중국에서는 이런 고구마를 본 적이 없다. 게다가 나는 고구마가 차세대, 전 세계의 먹거리가 될 수 있다고 기대한다. 맛이 달고 영양이 풍부하면서도 칼로리가 낮아 다이어트 필수 식품이자 건강한 먹거리로도 가능성이 충분하기 때문이다. 또한 생산성은 얼마나 좋은가? 아프리카의 식량 부족을 해결할 수 있는 농산물도 바로 이 고구마라고 믿는다. 중국에서 뉴질랜드로 넘어간 키위가 이제는 뉴질랜드의 대표 수출 품목으로 전 세계인의 사랑을 받는 과일이 된 것처럼 한국의 고구마도 세계인이 사랑하는 주요 먹거리가 될 수 있다. 단, 그러기 위해서는 생산량이 따라주어야 하기 때문에 단순히 해남에서 고구마를 수입하는 것을 넘어서 중국의 넓은 농토에서 한국 농사꾼들의 지휘 아래 해남 고구마를 생산하는 것도 꿈꾸고 있다.

농업 바이오산업, 썬프에의 또 다른 꿈

우리 농촌 사회의 현실을 들여다보면 나는 안타까워서 한숨이 나온다. 젊은이들이 떠난 농촌은 70, 80세의 노인들만 남아 있고, 그분들이 몸소 경험으로 쌓아온 농사의 지혜는 따로 축적된 곳도 없다. 이제는 산업화에 밀려 농지마저 줄어들고 있는 상황이다. 이런 안타까운 현실 속에 우리 농업을 살릴 수 있는 길은 가까운 나라 일본의 예처럼 해외현지농업을 통해 우리 농업 기술을 활용하는 것이라고 나는 믿고 있다. 그래서 한국의 쌈채소와 해남 고구마로 중국인들의 입맛을 깨운 후 썬프레는 중국 현지에서 해외농업을 개척하고 싶다. 현지화야말로 썬프레의 가장 큰 노하우이자, 썬프레만의 장점이기 때문이다.

그러나 오해가 있어서는 안 될 것 같다. 우리는 한국 농산물의 귀한 씨앗을 가져다가 중국에서 생산하려는 것이 아니라 땅덩이가 적은 한반도에서 벗어나 한국의 농산물을 한국의 전문 농업 기술로 광활한 중국 땅을 이용해서 대량생산하려는 계획이다. 우수한 품질의 대한민국 농산물 브랜드를 만들어 중국 시장에 수출을 하고, 동시에 대한민국의 농업 기술력을 현지 농업에 이식해 썬프레의 농업 기술과 단계별로 필요한 종자, 종묘, 비료, 농약 등 필요한 관련 품목도 함께 판매해 시너지효과를 높이는 전략이다. 한국의 농업인들과 함께 그려갈 이 '농업 바이오산업'이 썬프레의 새로운 미래이자 동시에 지쳐 있는 한국 농업을 살릴 수 있는 방법이 될 것이다. 썬프레가 이 일을 감당할 수 있다고 믿는 건 우리가 자체 브랜드로써 이미 다양한 고급 유통망을 확보해나가는 차별화된 실력을 갖추었다는 확신이 이제 막 들었기 때문이다. 이제 내 개인의 장사를 넘어 한국 농가의 우수한 종자와 농업 기술력이 중국 현지로 수출되고, 한국과 중국에서 생산된 우수 농산품이 중국을 넘어 전 세계로 뻗어나가는 것, 이것이 썬프레가 꿈꾸는 미래의 모습이자 한국인 장사꾼으로 한국 농업의 미래를 바꾸는 데 일조할 수 있다는 사명감으로 찾아낸 대안이다.

돈 쓰는 방법부터 제대로 가르치는 중국식 소비주의

'홍콩의 밤거리는 휘황찬란한데, 상하이의 야경이 왜 어두침침할까?'

상하이에 온 한국 관광객들이 가장 의아해 하는 점이다. 중국인들은 밤만 되면 소등하기 바쁘다. 전기료가 비싸기 때문이다. 그러고 나면 밤에 특별히 할 일이 없으니 일찍 잠자리에 든다. 그러니 밤거리에서 흥청망청할 이유가 없고, 특별히 야경이랄 것도 없는 것이다. 우리 동네에서 한국인이 사는 집이라는 걸 알 수 있는 방법이 하나 있다. 밤늦게까지 집에 불이 환하게 켜져 있으면 한국인들이 사는 집이다. 우리 집만 해도 그렇다. 화장실 갔다가 불을 안 끄고 나오기 일쑤이고, 사람이 있지도 않은데 주방에도 불이 켜져 있고, 방방마다 환하게 불이 켜져 있다. 현지인들과 어느 정도 차이가 나는가 하니, 우리 4인 가족이 상하이에서 쓰는 전기료가 봄과 가을에 한 달 10만 원 정도, 여름과 겨울에는 한 달에 15만 원에서 20만 원 정도 나온다. 다른 집들은 일 년 내내 전기세가 만 원, 이만 원 한다. 우리나라는 산업용 전기세를 싸게 하다 보니 전반적으로 전기료가 싸게 책정되어 있다. 그러니 특별히 국민들도 전기를 아껴 써야만 한다는 인식이 없다. 물론 전기료가 비싸면 산업이 성장하는 데 제한을 받을 수 있고, 국민들이 세금을 많이 내게 되어 생활이 피폐해질 수 있다. 그러나 사람들이 절약하는 습관을 깨우치는 계기가 될 수도 있다. 그래서일까? 전기만 아껴 쓰는 것이 아니라 물자를 아껴 쓰는 절약 정신 자체가 중국인들의 몸에 자연스레 배어 있다.

중국과 한국은 똑같이 1945년에 일본으로부터 해방이 됐다. 우리는 1960년대부터 본격적으로 경제 발전을 이루기 위해 달렸다면, 중국은 1972년까지 나라의 빗장을 걸어 잠그고 있다가 그 해에 핑퐁외교를 시작했다. 1945년부터 1972년까지, 중국은 대체 그 안에서 무엇을 하고 있었을까.

이때 중국 정부는 국민들에게 돈을 벌기 전에 돈을 쓰는 방법을 가르치고 있었다. 어린 아이들부터 어른까지 돈에 대해 스스로 매우 엄격한 잣대를 가지고 규제와 절제를 하도록 교육을 한 것이다. 이 나라 사람들은 집에서 밥을 해먹으려고 해도 먼저 가스 충전소에 가서 선불제로 충전을 해야 가스를 쓸 수 있다. 그러나 그런 과정을 전혀 불편하게 여기지 않을 뿐 아니라 돈을 아껴가면서 잘 쓴다. 돈을 잘 쓰는 것보다 벌어야 하는 이유부터 주입받은 나라와 돈을 벌기 전에 쓰는 법부터 교육한 나라, 두 나라의 문화는 어떻게 다를까.

상하이에서는 주민등록번호를 받기도 어렵지만 자동차 번호판을 다는 것도 쉽지 않다. 번호판 하나에 한화로 약 2천만 원 정도가 들기 때문이다. 새로운 자동차 번호판은 한 달에 한 번씩 수요를 조절해서 상하이 시에서 경매 입찰을 붙이는데, 개인이 경매에 참여할 경우 낙찰될 확률이 거의 없기 때문에 경매를 대행해주는 업체에 수수료를 주고 경매에 참여하는 경우가 대부분이다. 근래 경매에 나오는 번호판은 약 7천여 장, 그런데 경매 입찰자는 10만 명을 넘어서고 있다. 당연히 해마다 경매 대행업체 수수료가 천청부지로 올라가고 중고 번호판이 거래되는 가격도 지속적으로 올라 현재 12만 위안(한화로 약 2천만 원)에 이르고 있다. 이런 상황을 자동차 회사들이 반가워할지는 의문이다. 우리는 박정희 전 대통령 시절에 정부의 보증으로 해외 차관을 받아 현대자동차가 만들어졌다. 차관까지 받아 차를 만들었으니 돈이 없는 국민들이 빚을 내서라도 차를 사주어야 했다. 그래서 '36개월 할부'가 권장되었다. 천만 원인 자동차 값이 복리 이자가 붙으면 삼 년 뒤에는 천오백만 원이 된다. 돈은 현대자동차의 계열사인 현대캐피탈에서 대출을 해주고 또 높은 이자를 받아간다. 대중교통을 이용해도 별 무리가 없는 사람들에게 차를 사도록 입김을 불어넣고 이자는 비싸게 갚도록 만든 것이다. 그럼 잘 살게 되는 사람은 차를 가진 국민일까, '현대'라는 재벌 그룹일까?

결국 박정희 전 대통령은 국가 경제 건설을 빌미로 기업이 돈을 벌 수 있는 구조를 만들었다. 중국 정부가 국민에게 절제를 통해 규모의 경제를 운용하는 법, 다시 말해 돈을 제대로 쓰는 법을 가르친 것이라면, 우리 정부는 국민들이 경제 개념을 바로 깨우치기 전에 국민을 이용해 대기업이 돈을 버는 법을 가르친 것이다.

아파트를 분양하는 방법만 보아도 한국과 중국이 확연히 차이가 난다. 우리나라 건설사들은 빈터에 모델하우스부터 짓고 분양을 해, 국민들로부터 계약금과 중도금, 잔금을 받는다. 그 돈으로 기업은 땅을 파고 건물을 올린다. 국민들은 물건을 보지도 않고 미리 돈부터 내는 것이다. 결국 건설비용은 국민들 주머니에서 나간다. 게다가 그 비용에 대한 이자를 내고 있는 사람 역시도 바로 국민들이다. 기업은 회사 자금을 1원도 투자하지 않고 이익을 올리니 '손대지 않고 코 푼다'는 말이 이럴 때 쓰는 말이 아닐까 싶다.

반면 중국은 완벽하게 선先시공, 후後분양으로 건설 시스템이 돌아간다. 건설 회사가 돈을 100% 투자해 건물을 올리고 나서야 비로소 국민들에게 분양을 시작할 수 있다. 그러니 국민들은 비싼 이자를 내고 할부나 대출을 할 필요가 없다. 그래서 중국에서는 할부제도가 있을 필요가 없다. 신용카드도 아무나 발급해 주지 않는다. 만약 신용카드로 돈을 쓰고 제 때 갚지 않으면 사기죄로 취급된다. 신용카드가 단순한 문제가 아닌 것이, 이 달에 돈을 10원을 벌고 나서 10원의 규모에 맞춰서 살림을 해나가면 문제가 생길 일이 없다. 하지만 다음 달에 벌 돈이 얼마인지 모른 채 미리 당겨서 일단 써버리면 갑자기 없던 일도 생길 수 있기 때문이다.

무엇보다 대한민국 국민은 자신이 기업에서 월급을 받아 생활을 영위한다고 생각을 한다. 그러니 기업의 존망 여부가 나의 생사 여부와 연결이 될 정도로 심각하다. 삼성과 현대가 망하기라도 하면 당장 내 삶도 따라서 비극으로 변할 것 같은 두려움에 사로잡힌다. 그러나 중국 국민들은 그런 생각을 하지 않는다. 국민들의 삶은 국가에서 책임을 져주는 것이지 하나의 기업이 책임지는 것이 아니기 때문이다. 국민들의 입장에서는 어느 사회가 더 안정된 것일까?

다시 자동차 이야기로 돌아가면 상하이 시의 자동차 번호판이 그렇게 비싼 이유는 '도로가 한정돼 있으니 웬만하면 차를 사지 말라'는 정부의 메시지가 포함돼 있는 것이다. 물론 교통 인프라가 잘 구축이 되어 있지만 이렇게나 크고 인구가 많은 도시에서 너도 나도 차를 끌고 나온다면 아무리 잘 되어 있는 도로망이라도 금세 마비가 되고 경제 흐름이 현저하게 속도가 떨어질 것은 분명하다. 상하이에만 보통 두세 채씩 집을 갖고 있는 상하이 시민들이 번호판을 살 이천만 원의 돈이 없어서 자동차를 안 사는 게 아니다. 자동차 수와 사회간접자본 비용 사이를 조절하는 정부의 '통제'를 믿고 기꺼이 따르는 것이다.

그래도 중국의 은행은 365일, 쉬는 날 없이 운영이 된다. 월요일부터 금요일까지 열심히 일한 사람들이 주말에 편하게 은행에서 필요한 일을 다 볼 수 있도록 만들어진 정책이다. '차는 사기 힘들지만 은행은 365일 아무 때고 이용하기 편하다.'

이것이 갖는 의미는 분명하다. 결국 사람이 중심이 되어야 한다는 것이다. 이게 바로 중국의 내공이다.

Epilogue

진짜 게임은 이제부터 시작이다!

남보석로, 홍보석로, 화목로, 옥산로….

상하이의 아름다운 이름이 붙은 거리를 돌아다니다 보면 지난 10년 간의 눈물과 아픔, 상처도 어느새 좋은 추억으로 변해 새록새록 떠오른다. 이제 상하이에서는 눈을 감고도 다닐 수 있을 것 같다. 그만큼 치열하게 골목마다 나의 고민이 아로새겨져 있기 때문일 것이다.

세상은 빠르게 변하고 있다. 아마 우리가 너무 빨리 달리고 있는 중국의 바로 옆 나라이기 때문에 더욱 예민하게 그 속도를 느끼는 것인지 모르겠다. 좀 고루하기는 하지만 나는 여전히 매일 종이 신문을 훑으며 아침을 시작한다. 그중에는 한국 신문들도 있는데, 언젠가부터 우리나라 신문이 '중국'이라는 글자 없이는 단 한 장도 넘어가지를 않는다. 특히 경제신문은 이게 중국 신문인지, 한국 신문이지 헷갈릴 때가 있을 정도다. 그만큼 한국이 긴장 반 기대 반의 심정으로 중국을 예의주시하고 있다는 뜻이리라. 그러나 막상 기사 내용을 읽어보면 아직 멀었다는 느낌이다. 중국에 대해 더 객관적으로, 더 주체적으로, 더 구체적인 내용들로 채워져 우리 국민들이 더 많이 깨닫고 알아야 한다.

우리는 이제 진지하게 질문을 던져야 한다.
'과연 반세기 후에 내가, 우리가, 대한민국이 살아남아 있을까?'

중국에서 사업을 하는 장사꾼 입장에서 바라볼 때 우리가 더 빠른 속도로 변하지 않으면 정복당한다는 현실을 직시하는 것이 중요하다고 생각한다. 20여 년 전 삼성과 소니를 생각해 보면 이 말이 바로 피부에 와 닿을 것이다. 당시 삼성이 초등학생이었다면 소니는 대학생 정도의 기업이었다. 그러나 지금은 상황이 역전되어 삼성은 소니가 따라잡을 수 없는 회사가 되어 있다. 시대에 빠르게 적응하지 않으면 예전의 소니 자리에 지금 삼성이 있듯이 앞으로 5

년, 10년 후 삼성 자리에 하이얼과 화웨이가 있을 수도 있다.

〈전경련연감〉에서 1960년대부터 2014년까지 10대 그룹의 변화를 유심히 살펴보면 감회가 더욱 새롭다. 1960년, 1970년도에 10대 그룹에 속했던 기업 중에 지금 남아서 존재하는 곳이 얼마나 될까? 이 사실은 나에게 희망을 꿈꾸게 하는 동시에 변화에 대한 공포를 몸서리치게 느끼게도 한다. 그러니 비즈니스를 하면서 "저를 좀 믿어주십시오"라는 말은 촌놈이나 하는 것이다. 나도 나를 믿지 못하는 시대에 남에게 나를 믿어달라는 것처럼 우매한 말이 어디 있을까? 특히 중국에서 사업을 하고 있거나 또는 준비하는 사람이라면 상대가 나를 스스로 믿게 해야 한다는 것을 꼭 기억해야 한다. 중국 공항에 내리는 순간 '죽을 각오로 싸우겠다'는 파부침주破釜沈舟의 마음을 굳게 하지 않으면 중국에서의 사업은 험난한 가시밭길이 될 것이다. 나는 중국에 처음 도착한 날부터 매일 아침 아래의 다섯 가지를 되새겨보고 있다.

1. 세상에 공짜란 없다.
2. 색안경 없이 중국을 바라보자.
3. 나를 믿어달라고 말하지 말자.
4. 사랑하는 만큼 사랑받는다.

5. 통역을 통해 사업하는 것처럼 바보는 없다.

사업이 망하고 한국에서 살던 집을 처분하고 돌아왔을 때였다. 아내가 내리 3일을 통곡하며 울부짖었다. 그런 아내의 모습을 보니 그 어느 때보다 내가 망했다는 것을 실감할 수 있었다. 최근 가장 가까이에서 나를 애정과 사랑으로 지켜보면서 좋은 말씀을 아끼지 않으시는 분이 계시다. '어제의 결과는 오늘이고 오늘의 결과는 내일이다'라고 그분께서 하시는 말씀이 새삼 생각난다. 내일이 있기에 망한 오늘도 최선을 다하며 살아야 한다.

사람들은 사업이 망하면 전화를 받지 않고 피하기 일쑤다. 물론 그중의 대부분은 빚쟁이들의 독촉 전화일 것이다. 그러나 그 속에는 나를 살릴 수 있는 주문 전화도 있을 수 있다는 것을 꼭 기억하길 바란다. 한 번밖에 없는 인생이고 해야 될 사업이라면 정면 돌파가 중요하다. 궁하면 통한다고 했던가? 축구 경기에 비유해 보면 '1:0'으로 지는 것과 '10:0'으로 지는 것은 똑같이 진 게임이다. 그러나 나중에 패자부활전을 치를 때에는 그 경험에서 분명한 차이가 있다. 그래서 어려서부터 부모님들이 '지는 게 이기는 것이다', '지더라도 잘 질 줄 알아야 한다'고 그렇게나 입이 닳도록 말씀했나 보다.

이곳의 노동절 연휴 일주일 동안 아무도 출근하지 않는 회사에 나와 마지막 원고를 손질하면서 수 없는 회한과 수많은 사람들이 머리를 스쳐 지나갔다. 사업이 망하고 나면 그동안 같이 해왔던 사람들 대부분이 떠나버린다. 절반은 내가 귀찮고 힘들어서 찾지 않게 되고 절반은 나에 대한 필요성을 느끼지 못하거나 나에 대한 실망감으로 떠나버려 결국 혼자 외톨이가 된다. 10여 년 전 정신병원에서 처방해준 약에 의존하며 간신히 지쳐 있는 몸으로 상하이에 와 있을 때 하루가 멀다 하고 전화를 해준 친구가 있다.

"건강하지?", "술 좀 그만 마셔라", "내가 있잖아", "이것 좀 해 봐, 저것 좀 해봐"

딱히 할 말이 없으면서 잔소리 같은 위문 국제전화로 나를 정신 차리게 하고 일으켜 세워 지금의 썬프레를 있게 만들어준 CJB 청주방송의 김종기 앵커다. 실패를 해서 낙오된 사람을 어설프게 위로하면 동정이 되어 그 사람을 더욱 아프게 할 수 있다. 어떻게 하면 아픈 사람을 진정으로 위로하고 배려할 수 있는지 그때 그를 통해 배웠다. 그 진심어린 마음은 지금도 큰 도움이 된다. 또 그와 함께 형제가 된 전병용 사장, 이선우 회장을 통해 썬프레가 새로운 도약을 하는 계기가 된 점 또한 감사하다는 말을 전하고 싶다.

3년 전 상하이에서 교민들과 마찰을 겪으면서 외롭고 어려웠을 때 중용의 힘으로 신뢰를 회복할 수 있게 큰 힘이 되어주신 이평세 회장님, 강동한 회장님, 여시동 조선일보 상하이특파원, 한승호 연합뉴스 특파원, 공병갑 매니저, 이동호 사장, 이상훈 로터스 팀장님도 생각난다. 또한 우피탸오 씨를 비롯한 중국 현지 직원들에게 무한한 경의를, 또 어려운 여건 속에서도 10년 동안 이 부족한 대표를 믿고 썬프레를 위해 물심양면 헌신해준 전연희 실장의 노고에 감사를 전한다. 썬프레의 세계화를 함께 개척해 나가기 위해 각각 아프리카와 중남미 대륙에서 성공을 위한 초석으로 상하이 외국어대학교에서 열심히 공부하는 형래와 형탁이에게도 대견스럽다고 전하고 싶다.

마지막으로 10년 이내에 중국에서 한국인의 독특한 기업문화를 통해 성공한 썬프레의 또 다른 이야기로 독자 여러분들을 반드시 다시 찾아뵐 것을 약속드리며 세상에서 가장 존경스런 어머님과 가족, 형제들, 특히 스위스 유학 도중 아버지의 사업실패로 고통이 적지 않았지만 슬기롭게 이겨내고 지금은 상하이 중의대에서 학업에 정진하고 있는 아들 장준에게 지난 우리의 시간이 담긴 이 책을 선물로 바친다.

실패가 끝은 아니다

2016년 6월 24일 초판 1쇄 펴냄

지은이 장장원
발행인 김산환
책임편집 윤소영
디자인 이아란
영업 마케팅 정용범
펴낸곳 꿈의지도
인쇄 다라니
출력 태산아이
종이 한서지업

주소 경기도 파주시 광인사길 217, 3층
전화 070-7535-9416
팩스 031-955-1530
홈페이지 www.dreammap.co.kr
출판등록 2009년 10월 12일 제82호

ISBN 979-11-86581-97-1 (03320)